Lewis H. Lapham

ENCUENTRO DE TITANES

GEDISA | SERIE NUEVA EMPRESA

ENCUENTRO DE TITANES

El famoso Foro Monetario Mundial
a través de la mordaz mirada del
prestigioso editor de *Harper's Magazine*

Lewis H. Lapham

gedisa
editorial

Título original: *The Agony of Mammon*. Publicado por Verso, 1997

Traducción y preimpresión: TsEdi, Teleservicios Editoriales, S. L.

Diseño de la cubierta: Óscar Noguera

Primera edición: junio de 2000, Barcelona

Paseo Bonanova, 9, 1º- 1ª
08022 Barcelona (España)
Tel. 932 53 09 04
correo electrónico: gedisa@gedisa.com
http://www.gedisa.com

ISBN: 84-7432-789-X
Depósito legal: B-24394-2000

Impreso en Limpergraf
Moguda 29-31 - Barberà del Vallès

Impreso en España
Printed in Spain

Índice

Encuentro de titanes

La pobreza es, para los ricos, una anomalía,
y es que es muy difícil comprender
por qué cuando la gente quiere comer
no toca la campanilla.
Walter Bagehot

A pesar de ser generoso en algunos aspectos y afable en otros, lo cierto es que el colosal mecanismo que genera la riqueza de las naciones (también conocido con los nombres de «globalización económica», «Moloch» y «la mano invisible») carece de la capacidad humana de hablar y de la del pensamiento consciente, un defecto que obsesiona a sus más destacados servidores, quienes desean creer que son ellos los que controlan la máquina y no la máquina la que los controla a ellos: su *amour propre* les impide aceptar que no puedan ser más que meros fogoneros carreteando información impresa por un ordenador y plumas Montblanc (o centros comerciales y compañías cinematográficas y mexicanos) para alimentar un horno ciego y cruel. Por eso se procuran un retrato más amable de sí mismos (como responsables de los mercados mundiales o líderes de imperios comerciales); y es de esa guisa como cada año, a finales de enero, se trasladan llenos de optimismo desde la tierra humilde del resto de la humanidad normal hasta el Foro Económico Mundial de Davos, en Suiza, para desde allí arriba, desde la misma montaña en que Thomas Mann situó la acción de *La montaña mágica*, meditar sobre los misterios del universo capitalista.

El invierno pasado se me ofreció la posibilidad de realizar el ascenso anual –para lo cual el patrocinador del Foro renunció a los 18.984 dólares en concepto de los múltiples derechos de admisión y subscripción, y lo hizo en deferencia a mi condición de redactor y, en consecuencia, de posible suministrador de adjetivos favorables a su labor–, y no pude rechazarla. Allí iban las personas a las que los gobiernos del mundo entero encomiendan la tarea de administrar el dinero mundial, y... ¿dónde iba yo a aprender mejor a dividir el precio del marco alemán por el número de incendios de las selvas de Brasil o a multiplicar el número de barcos del Canal de Suez por el coste de un bombardeo sobre Irak?

La publicidad previa se encargó de crear una gran expectación acerca del futuro evento que iba a tener lugar a 5.000 pies de altura, el cual incluía cinco días y seis noches de amenos debates con la participación de al menos dos mil destacadas personalidades de 150 países (jefes de estado, ministros de economía, intelectuales conocedores de las principales políticas mundiales, premios Nobel de física y altos ejecutivos, tantos como hojas de pino por el suelo); un programa completo de reuniones ininterrumpidas sobre prácticamente cualquier tema al que se le pueda dar un nombre (la quiebra de Djakarta, el futuro de Internet o las perspectivas de Rumanía), sobre los mapas de los campos de petróleo alrededor de Baku o sobre los programas de televisión privados de George Soros y Bill Gates.

Salí de Zurich el jueves 29 de enero por la tarde y cambié de tren en Landquart; durante la larga y paciente ascensión por el Prättigau y mientras contemplaba las montañas y la sucesión de vistas (propias de una postal) que se me ofrecían en cambiantes primeros planos de imponentes árboles y pueblecitos nevados, pasé el tiempo intentando recordar algo de la novela de Mann. Recordaba que la historia finalizaba en el barro empapado en sangre de la primera Guerra Mundial, pero que la mayor parte de la trama narrativa transcurría en un sanatorio para tuberculosos de Davos y que el mensaje final de la historia aludía a la confusión de una sociedad inhumanamente codiciosa y ahogada por el exceso de opulencia del capitalismo burgués de finales del siglo XIX. Los personajes principales aparecen como pacientes con los síntomas de una enfermedad que Mann asociaba con las asfixias del espíritu producidas por una permanencia demasiado prolongada en las doradas atmósferas de la aturdidora riqueza y por un exceso de cercanía a ellas. Al sanatorio acude gente muy variopinta (un humanista italiano, un holandés pragmático, nihilistas rusos de todo tipo...) como ejemplos de las diversas corrientes del pensamiento convencional en boga en Europa en aquel momento, con la esperanza de una cura no únicamente para su enfermedad física sino también para su decaimiento espiritual. Lo que yo recordaba de la novela era muy esquemático e incompleto, pero acudió a mi mente con toda claridad la figura del director médico, Hofrat Behrens, un hombre con bata blanca, muy ocupado y con mucha energía, rebosante de confianza en el dispositivo general del método científico y prometiendo sin cesar visitar de nuevo a todo el mundo al día siguiente. También recordaba que nadie se curaba y que Mann da el papel de antihéroe a un joven ingeniero de Hamburgo llamado Hans Castorp, que no descubre que le han enviado a una empresa inútil hasta después de conocer a la encantadora pero a la vez inquietante Madame Claudia Chauchat.

Bajé del tren en Davos-Platz, en la estación siguiente a la que se apeó Hans Castorp el verano de 1907, y, aunque no me encontré con un primo tuberculoso con un carruaje amarillo y dos caballos pardos, descubrí que me habían asignado una habitación en el Berghotel Schatzalp, el que otrora fuera sanatorio en el que Mann emplazó a sus tísicos fugitivos lejos de las salas de baile de la Belle Époque. El edificio era accesible gracias a un funicular que subía desde la ciudad, y había sido transformado –junto con sus pabellones de cristal en un hotel de vacaciones a finales de los años treinta por el gobierno nazi, siempre tan preocupado por proporcionar el descanso adecuado a sus oficiales militares, los cuales también necesitaban algún que otro respiro lejos de su tarea ineluctable de destruir esta civilización de la que los personajes de Mann no encontraron nada que mereciera la pena salvar o preservar.

Mientras llenaba algunos formularios en la recepción del hotel, le pregunté al conserje si los huéspedes pedían habitualmente ser alojados en alguna de las habitaciones antaño ocupadas por los personajes de la novela de Mann: él escuchó la pregunta con una sonrisa educada pero vacía. Claro que había oído hablar de la novela (el título de la misma y el nombre del autor aparecían en el folleto del hotel) pero no, ninguno de los huéspedes la había citado jamás. No llegó a decir que el hotel se abastecía de un tipo de gente (diseñadores de moda italianos, industriales alemanes, ejecutivos americanos) probablemente poco interesada en reliquias literarias, pero deduje de su postura, que era ágil y eficiente, que preguntas acerca de la disposición de las habitaciones en el sanatorio de Mann estaban fuera de lugar, no tan fuera de lugar como las preguntas sobre el posterior reparto del territorio entre la Luftwaffe y la Gestapo. Aun así seguían siendo preguntas de no muy buen gusto, y más cuando nos hallábamos todos reunidos allí, en la cumbre del nuevo orden económico mundial. El subdirector me entregó una llave y me informó de que el funicular dejaba de funcionar a las dos de la madrugada; además, me indicó cómo llegar a las pistas de esquí y al balneario y me sugirió que, si paseaba por las calles de Davos, no debía descuidar hacerlo con botas de suela de goma.

–Para el hielo –me dijo–, especialmente por la noche, que no siempre es fácil verlo.

Oscurecía ya cuando me puse a admirar las imponentes vistas de que podía disfrutar desde cualquier punto privilegiado del hotel y luego descendí nuevamente hasta el paseo largo y sinuoso que constituye la vía principal de Davos. Como no pude encontrar ninguna tienda que vendiera botas de suela de goma, caminé con cuidado hasta llegar al Congress Centre, que había sido reconstruido en 1990 con el único objetivo de albergar la reunión anual del Foro Económico Mundial. El Congress Centre fue reformado de acuerdo con las frías formas del estilo institucional moderno; una gran parte de aquella mole quedaba oculta detrás de un acantilado muy escarpado, por lo que mostraba, visto desde la calle, un perfil muy bajo, dando la impresión de un puesto de artillería seriamente fortificado y vigilado por la presencia de soldados suizos armados con ametralladoras.

Superar los controles de seguridad me llevó casi tanto tiempo como el que se necesita para superar los de la Casa Blanca, y una vez traspasado el último punto de vigilancia, me encontré atrapado en medio de un alboroto increíble de ruido y luces. Las reuniones estaban en marcha desde primera hora de la mañana, y la impresión fue la misma que experimenté en el edificio de las Naciones Unidas en Nueva York cuando llegaron repentinamente malas noticias del oeste de África: un montón de gente absorta en sus propios asuntos moviéndose a toda prisa de aquí para allá con documentos de crucial importancia, una confusión de lenguas (sobre todo inglés, pero también mucho francés y alemán), equipos de televisión filmando los solos de Elsie Wiesel y el presidente de Argentina y prácticamente todo el mundo hablando por teléfonos móviles. La encantadora chica de la mesa de registro me dio un distintivo blanco con mi nombre y fotografía de pasaporte, así como con el código informático que tenía que darme acceso al interior de las líneas de comunicación del Foro. Tenía que llevarlo colgado del cuello todo el tiempo, pues este distintivo me identificaba como participante y, en consecuencia, como una persona de entidad de un rango superior al de los miembros de la prensa normal, que llevaban distintivos naranjas y que, por ello, tenían que ser juzgados equitativamente con piedad pero también con menosprecio. Otra chica encantadora desde detrás de una mesa diferente me regaló una bolsa de lona para llevar colgando del hombro que estaba repleta de un montón de instrucciones impresas –un plano del Congress Centre, una lista principal con los nombres y títulos de todos los otros participantes (alrededor de mil páginas de letra pequeña), vagas referencias a la reunión del año pasado (todas ellas coincidentes en no acertar a prever el hundimiento económico de Asia) y una guía de los mejores restaurantes de la ciudad.

Pero incluso con las instrucciones firmemente asidas de la mano, no sabía a cuál de las reuniones de última hora de la tarde asistir, si a una sobre El Niño o a otra sobre robots. Incapaz de resolver el dilema y mientras esperaba a que Helmut Kohl, el canciller alemán, pronunciara el discurso de inauguración del Foro, encontré una mesa libre en uno de los cinco cafés del Congress Centre y me puse a leer los deberes que me habían dado en la cartera de lienzo. Como tema para 1998, el Foro había escogido «Prioridades del siglo XXI», y los principales asuntos a tratar estaban llamativamente destacados con avisos a cuatro colores que anunciaban la presencia en Davos de un número impresionante de compañías líderes (como DuPont, Volkswagen, Swissair, Texaco y Anderson Consulting) adornadas con abundantes consignas de filantropía y lemas del tipo «abrir horizontes» o «hallar la armonía en la diversidad». Un completo programa de actos ofrecía una lista con el lugar, la hora y los principales conferenciantes de cada una de las 310 sesiones preparadas para todo el Foro, tanto en los doce salones y salas de conferencia del Congress Centre, así como en alguno de los 27 hoteles del lugar, y me sorprendió ver que las esperadas reuniones sobre temas políticos y económicos estaban entremezcladas con un buen número de debates sobre cuestiones mucho más metafísicas, como las consecuencias del proyecto del genoma humano, el problema de morir y de la muerte o el significado de la clonación. Los nombres que aparecían en el programa daban a entender que había una división de las personalidades más eminentes del reparto en tres grupos diferentes: unos 1.000 altos ejecutivos en representación de compañías con unos fondos de aproximadamente cuatro trillones de dólares (es decir, una suma que supera la riqueza neta de todos los Estados miembros de las Naciones Unidas), 500 políticos y otros tantos intelectuales de varias clases, unos pocos conocidos y la mayoría futuristas.

Antes de que pudiera leerme todo el libro de instrucciones y justo cuando acababa de pasar la página correspondiente a la sesión 71 («Cómo conseguir contactos para hacer negocios en China»), me percaté de que el distintivo que llevaba colgado del cuello el hombre que estaba sentado al otro lado de la mesa le identificaba como procedente de Pekín. Para iniciar una conversación y mientras le señalaba la página del libro, dije algo como que China era un lugar ideal para hacer buenos negocios.

–¡Desde luego! –dijo él–: hace cuatro años, ni un solo teléfono móvil; en cambio, hoy, veinte millones de teléfonos móviles. Cuatro años atrás, ni un solo busca; hoy, cuarenta millones de buscas.

Me sonrió con el fervor del entusiasta que se acaba de convertir a una nueva religión: tendría unos veintisiete años, parecía muy seguro de sí mismo e iba equipado (seguro) de un número suficiente de estadísticas para justificar la construcción de una planta de fertilización en Harbin, una fábrica de armas nucleares en Chinkiang o un campo de golf en Shangai. Sólo pudimos hablar unos breves instantes porque él tenía que irse a una reunión con una gente de Motorola, pero esos pocos minutos me bastaron para oírle pronunciar de forma muy sucinta una declaración que más tarde descubrí que era la idea central del Foro. El hombre de Pekín no pretendía declarar nada, pero lo hizo, y sin emplear un tono especial ni nada parecido, sino más bien como sin darse cuenta, como algo que se dice al descuido mientras se excusan ante ti por tener que acudir a una cita a la entrada del paseo del nivel 3.

–Ya sabe –dijo–, en China nos estamos gastando 750 billones de dólares en infraestructuras, pero en estos últimos dos meses hemos despedido a un millón de trabajadores de los ferrocarriles. Seguro que usted envidia que no tengamos democracia: en Europa y en América algo así trearía problemas.

Kohl llegó tarde y además habló en alemán. Su presencia atrajo a una multitud de gente que se quedó sin asiento en el Congress Hall, el auditorio más grande del Foro: entre las cabezas respetables de la audiencia pude reconocer a varios columnistas de periódicos americanos, así como a un buen número de presidentes de compañías cuyas fotografías había visto en las páginas del *Fortune* y del *Business Week*. Las cámaras se situaron en diferentes ángulos de la sala ofreciendo la imagen del canciller en una inmensa pantalla de televisión que había detrás del podio: ese aumento exagerado del tamaño de Kohl hizo que pareciera un ave de presa gigante escrutando despectivamente desde las alturas a un montón de ratones de campo. Todo lo que dijo fue que la Unión Económica y Monetaria era ya un hecho consumado sobre el que no quería volver a oír la más mínima queja. Claro que resultó ser una empresa difícil –cualquier cosa requiere un mínimo esfuerzo–, pero lo que está hecho, hecho está. Las autoridades de Bruselas ya habían hecho el recuento de votos, las imprentas de Frankfurt estaban en pleno proceso de fabricación del nuevo euro, que iba a ponerse en circulación a partir del 1 de enero de 2002, y Kohl ya estaba cansado de tantas discusiones absurdas sobre las posibles consecuencias sociales y políticas. Su irritación le llevó a lamentarse incluso de que los pesimistas de Londres y Copenhague no hubieran tenido la oportunidad de conocer a la señora Kohl, su señora madre, una mujer fantástica, tan sabia como firme en sus convicciones y que había enseñado a sus hijos, cuando se sentaban a la mesa de la cocina, a comerse sin rechistar todo lo que había en el plato. «Aprendimos a dejar limpios nuestros platos», dijo. Alemania había dejado limpio su plato (es decir, había aceptado la disciplina financiera del Tratado de Maastricht), y ahora les tocaba a los italianos y al resto de Europa limpiar sus respectivos platos. El euro era bueno para la gente y cuanto antes empezara a gustar, mejor.

Kohl habló durante largo rato y fue entonces cuando me di cuenta de que nos estaba permitido salir al pasillo para hacer alguna llamada o intercambiar tarjetas comerciales antes de volver a nuestro sitio para escuchar las nada sucintas observaciones del canciller. En el transcurso de una de mis breves ausencias, me encontré con Peter Foges, un productor de documentales televisivos para la PBS al que había conocido en Nueva York y de quien sabía que era un profundo estudioso tanto de la bolsa como del romanticismo alemán. Me informó de que, debido a mi condición de participante (es decir, de portador de distintivo blanco y no naranja), yo pertenecía a los que el patrocinador del Foro denominaba el «Club de líderes de los medios de comunicación de masas». Tal honor vino acompañado de una invitación a una cena esa misma noche en el Hotel Rinaldi, a la que Foges me animó encarecidamente a asistir. Él venía acudiendo a la reunión anual de Davos desde hacía cinco años, especialmente desde que fuera el productor de *Adam Smith's Money World* («El mundo del dinero de Adam Smith»), y, antes de despedirnos, me otorgó la condición de novato necesitado de información adicional acerca del contenido general del programa de actos.

El restaurante del Hotel Rinaldi era propio de una postal turística –techos relucientes, jarras alemanas de cerveza detrás del bar, esculturas decorativas de madera, camareras vestidas como para una escena campestre de *The Sound of Music*...–, y la mayoría de los líderes de los medios de comunicación de masas presentes en la sala eran periodistas americanos a los que conocía por sus no tan rimbombantes títulos de miembros de la redacción del *The New Yorker*, colaboradores del *Newsweek* y del *The Wall Street Journal* o el redactor del *Foreign Affairs*. Una compañía de personajes excelsos, sin duda, pero que se encontraban en un estado de absoluta postración. Y es que el caso Monica Lewinsky había estallado no hacía más de dos semanas y había hecho gran mella en la autoestima general; además, el presidente Clinton los había humillado y mortificado delante de sus colegas europeos, pues había reducido sus organizaciones informativas a la condición de simples periodicuchos de noticias breves sobre ultramarinos y había cuestionado la reputación que ostentaban de guardianes de la conciencia americana y de protectores de la moral pública. ¿Cómo habían podido hombres de tal valía comportarse de esa forma? Cierto que ya sabían que Clinton era un inveterado galán que no hace excesivo caso de la verdad –es decir, que lo sabían mucho antes de que fuera escogido presidente por primera vez en otoño de 1992–, pero ¿comportarse de esa forma con una becaria de la Casa Blanca? ¿Con una gorda procedente de California y que parecía sacada de un guión de unos de esos seriales de tarde de Aaron Spelling? Eso era intolerable, estaba fuera de lugar y no podía quedar así.

La hora entera del cóctel se pasó en medio de las muestras constantes de pesar por la dignidad herida, pero al llegar la cena la conversación cambió a Saddam Hussein, el causante del otro ultraje más reciente y que aparecía esa semana en las portadas de todos los periódicos del mundo. Ambas historias, que los allí presentes interpretaban como variaciones del manido tema de la humillación y la derrota, sirvieron para acusar sin piedad a los Estados Unidos de alardear de una hegemonía fatua, de aislamiento y soberbia y de debilidad causada por un presidente incapaz de tener las manos quietas. Estaba claro que Hussein era un monstruo, un loco que debía ser suprimido, pero ¿de dónde iban a sacar los americanos la autoridad moral suficiente para hacerlo?

A tenor de la conversación y por la substancia de lo que se dijo, se me ocurrió sugerir que lo que los líderes de los medios de comunicación de masas americanos deseaban realmente era mostrarse como hombres de Estado venidos a Davos para hablar de asuntos de gran importancia –como, por ejemplo, la devaluación del *baht* tailandés; la caída de la rupia indonesia y del won coreano; las posibles repercusiones de la crisis económica de Asia en Tokio y Moscú; las causas de la negativa del Congreso de los Estados Unidos (un grupo patético de políticos provincianos, muchos de ellos incultos y casi todos pésimamente vestidos) a ratificar la legislación sobre el comercio competitivo; el bloqueo a los créditos para el Fondo Monetario Internacional, y la declinación a pagar el billón y medio de dólares que adeudan los Estados Unidos a las Naciones Unidas. La globalización económica había substituido aparentemente la Guerra Fría como asunto crucial sobre el que era imprescindible demostrar a los demás que se estaba bien informado, al menos para no perder la propia reputación como periodista de cierta categoría. La vieja teoría del «efecto dominó» había cedido su puesto a la teoría del «contagio», que se refiere a la transmisión de enfermedades financieras y monetarias de un país a otro. Una vez asentado que si no se contenía el comunismo en los límites de la jungla de Vietnam, habría brotes de ese virus en las mismísimas playas de California, ahora era necesario comprender que la bancarrota a gran escala que se estaba produciendo en casi todos los mercados del mundo (regionales, emergentes, periféricos...) iba a afectar casi con toda seguridad los valores de la bolsa de Nueva York. Había que ir con cuidado, pues se sabía de colegas capitalistas que habían tenido que dar muchas explicaciones o de especuladores irresponsables a los que se obligó a tragar la píldora de la «austeridad». Durante la sobremesa tomó la palabra un profesor de economía del Instituto de Tecnología de Massachusetts llamado Rudi Dornbusch, quien manifestó su opinión (mayormente aceptada por todos) acerca de la ruina financiera del archipiélago indonesio.

–Es importante que haya gente que pierda mucho dinero –dijo Dornbusch– y que reciba su merecido por su estupidez y su codicia.

La expresión «gente» incluía no sólo a los amigos y familiares del presidente Suharto sino también a los bancos japoneses y europeos que se habían dedicado a jugarse caprichosos préstamos a la ruleta del Sur de Asia, sin otro propósito que el interés propio y la ganancia miope. Los periodistas americanos presentes en la sala acogieron las observaciones del eminente profesor con ostensibles gestos de aprobación, felices de poder recuperar algo del orgullo perdido ante sus colegas extranjeros durante la discusión sobre la intransigencia de Saddam y la boina de Monica. Y es que los inversores americanos habían participado mucho menos del riesgo asiático, que empezaba a calcularse que les costaría a los bancos europeos más de veinte billones de dólares; de ahí que las damas y caballeros de Nueva York pudieran permitirse, aunque fuera por unos breves instantes, una ligera sonrisa acompañada de un cierto aire de superioridad.

Ni que decir tiene que también gozaban con la humillación japonesa. Tan sólo cinco o seis años atrás se presentaba la economía nipona como el modelo a seguir: los bancos japoneses estaban comprando California, los hombres de negocios japoneses hacían giras por los circuitos de conferencias de Washington para dar breves sermones sobre los derrochadores americanos que habían malgastado su talento fabricando coches... Pero ahora que la verdadera situación del mercado de Tokio había salido a la luz y que éste había mordido el polvo, la piedra estaba en el zapato ajeno e incluso se podía hablar del *shogunato* soberano del otro lado del Pacífico como de una nación famosa por el número de suicidios de funcionarios de su Ministerio de Economía.

Además de aludir a lo que se murmuraba por los pasillos del Congress Centre, los periodistas de esa comida hicieron distintas sugerencias sobre a qué reuniones era más interesante asistir, cómo conseguir una invitación a la recepción de Coca-Cola, dónde encontrar a los bolivianos o cuándo encargar la *raclette*. La velada finalizó con el consenso general de hacer traer otra botella de vino blanco y con Dornbusch deplorando lo que él llamaba «dial 1-800-BAILOUT para hombres de negocios temerarios, banqueros codiciosos y políticos corruptos» y retomando con melancolía el tema del gran pene de Bill Clinton.

Mientras caminaba –atento al invisible hielo– acompañado de Foges por el paseo que llevaba al funicular del Berghotel y pensaba de nuevo en el avanzado o terminal narcisismo de los personajes de la novela de Mann, hice alguna observación acerca de la dificultad de sacar algo claro e inteligible acerca de los verdaderos objetivos del Foro Económico Mundial.

–Si piensas que se te pasa algo por alto –me dijo Foges–, no te preocupes: a todo el mundo le ocurre. La verdad es que siempre está sucediendo algo mucho más importante en alguna otra parte.

Puedo afirmar con rotundidad que a última hora del viernes estaba ya lo suficientemente familiarizado con la forma de funcionar del Foro como para saber que siempre iba a estar en el lugar equivocado en el momento menos idóneo, es decir, que si me encontraba en el restaurante Füela oyendo a un funcionario del Fondo Monetario Internacional debatiendo acerca de la situación en Tailandia, donde tendría que haber estado es en el Waldhaus Grill prestando la máxima atención a cuatro búlgaros hablando sobre bienes de cambio. Pero ya había asistido a una cantidad razonable de sesiones como para empezar a ordenar mis ideas;

también había terminado por comprender las limitaciones de mi distintivo blanco, que, si bien es cierto que permitía acceder tanto a las numerosas salas de reuniones del Foro como a cualquiera de los otros participantes (y sin concertar cita previa) –ciertamente un privilegio de gran ayuda–, también lo es que no estaba exento de defectos, sobre todo uno: que lo que estaba impreso en el distintivo era demasiado pequeño como para poder ser leído a una distancia tan decisiva como de cuatro pies. Esto planteaba un grave problema: el protocolo del lugar prohibía que uno se creara falsas opiniones acerca del mérito y reputación de los colegas participantes en tamaño evento, y la consecuencia de ello era que los encuentros casuales en un bar o en los pasillos de un hotel se producían a ciegas y sin saber exactamente por dónde pisaba uno, es decir, que te veías obligado a iniciar una conversación sin saber la relevancia de la persona a la que estabas a punto de hacer algún comentario acerca de la posibilidad de que nevara o de que hubiera un atentado terrorista. Quizás se trataba del ministro de Economía de Australia o del oficial jefe del ejecutivo de la Aviación Dassault; pero también podía ser que tuvieras ante ti a otro líder de los medios de comunicación de masas tan poco informado como tú mismo.

Ninguno de los participantes había acudido a la cita sin las inevitables listas de estadísticas mareantes: 250 millones de niños en todo el mundo trabajando por unos pocos centavos a la hora, el 50 % de la población mundial todavía sin electricidad y el 70 % sin teléfono, los bancos japoneses abrumados por una deuda de unos 550 billones de dólares... Además (y sólo superada por «contagio»), la palabra que más se oía por todas partes en cualquier conversación era «transparencia», que equivalía a algo así como descubrir por completo la política de otro país, el plan de marketing de otra compañía o el dinero que tiene tal persona. Así como «contagio» tenía siempre una connotación negativa, «transparencia» la tenía siempre positiva (igual que «diálogo» y «reducción de costes laborales»), así que lo que había ido mal en Asia (tanto en Corea como en Indonesia y Tailandia) no era más que el fracaso general necesario para alcanzar la suficiente transparencia.

Tampoco me fue muy difícil darme cuenta de que, aunque los dos mil participantes en el Foro eran todos ellos importantes, los había que eran más importantes que otros. Las conversaciones que podían acabar en algo concreto (digamos... la construcción de una presa en Chile o la puesta por escrito del acuerdo multilateral sobre inversiones) se desarrollaban en privado, y la hora, el lugar y el nombre de los principales oradores se omitía en el programa. Los debates de la mañana y de la tarde en el Congress Centre tenían una función parecida a la de los partidos de tenis o las citas para jugar a golf concertados entre los invitados asistentes a una conferencia en el Instituto Aspen o, lo que es lo mismo, constituían una posibilidad de conseguir contactos, abrirse puertas o incluso lograr una invitación para comer con el presidente de México.

Sí que hubo algo que permaneció invariable como el tiempo (un cielo azul y luminoso, temperatura de unos treinta grados, sin viento y poco hielo), que fue la distinción entre compradores (banqueros e industriales de las naciones ricas), siempre preocupados por la transparencia, y vendedores (políticos y ministros de los países pobres), siempre preocupados por pagar la cuenta del hotel; los compradores se complacían en sus profundas abstracciones e ilusiones de omnipotencia: como los personajes de *La montaña mágica* de Mann, estaban muy acostumbrados a los modales de los taberneros y, aunque no podían tener la misma familiaridad que tenía el novelista con la música de Richard Wagner o la obra de Friedrich Nietzsche, sí que habían heredado el sueño del *übermensch* («superhombre», en alemán) y se habían traído consigo en su equipaje de ropa cosida a mano lo que el corresponsal del *Financial Times* de Londres había calificado de «aproximadamente el 70 % de la producción mundial diaria de autocomplacencia».

Los vendedores andaban a la caza de oportunidades para recibir inversiones, y sus cifras eran tan relucientes y espléndidas como las de los objetos de un escaparate: baja inflación, alto crecimiento, trabajadores mansos, chicas bonitas, instituciones democráticas saliendo como setas, políticas fiscales responsables, buenas expectativas, una prensa complaciente y una policía bien adiestrada. Con unas ganas enormes de gustar, se expresaban en los términos y condiciones del imperialismo postmoderno: las naciones inferiores derivando en colonias de compañías y no de gobiernos, la ley de las naciones elaborada en base a la ley del dinero y los parlamentos del mundo intimidados por la fuerza del capital (de forma muy parecida a cómo lo habían sido en los siglos XVIII y XIX por la fuerza de las armas). Una vez (e incluso hace tan poco como cuarenta años atrás), la gente relacionada con los intereses comerciales tendía a ver en los políticos a los representantes de un poder superior; en aquel entonces los comerciantes se tomaban la molestia de aprender las lenguas habladas al sur y al este del canal de Suez, para poder así enviar agentes simpáticos a los ojos de aquellas gentes y quién sabe si también algunos regalos, siempre para conseguir una audiencia con la emperatriz o el rey del lugar. Pero eso ya se acabó, pues ahora ya nada se hace sin la providencia de un mercado global dirigido en inglés y controlado por los arcos de oro de los McDonald's y las noticias de la CNN; ahora, en cambio, son los reyes y las emperatrices los que besan respetuosamente el anillo soberano del todopoderoso comercio.

Una demostración *cutre* pero ejemplar de esta revisión de la vieja tesis imperialista tuvo lugar en una de las salas de reuniones más pequeñas del Congress Center ante una distinguida audiencia de presidentes de compañías de petróleo americanas y proveedores franceses de infraestructuras municipales. Un alto ejecutivo belga de traje impecable se hallaba sentado encima de una pequeña tarima en compañía de tres burócratas rusos que parecían recién salidos de una de las reuniones provincianas de Chejov; después de haberlos presentado uno a uno, se dirigió a todos los presentes con una sonrisa halagadora, como si les hubiera traído ricos presentes de pieles preciosa y delicadas.

–Tenemos hoy con nosotros a tres políticos activos y actuales a los que ha acompañado el éxito –dijo– y que quieren hacernos algunas manifestaciones importantes.

Los rusos fueron hablando por turnos, de la parte derecha de la tarima a la parte izquierda de la misma, como acordeonistas que estuvieran tocando un «pupurri» de las *Moscow Nights*. A ratos, la traducción era realmente difícil de seguir, pero no así los puntos más importantes de sus discursos: sí, cierto que Rusia era un lugar difícil para los negocios («todavía hay algo de caos»), pero las empresas rusas han empezado a pagar salarios («tenemos un gobierno real, un presidente real y dos cámaras del parlamento»); no era verdad que las exportaciones rusas estuvieran llegando a los mercados internacionales a unos precios más competitivos («eso nunca se lo haríamos a nuestros buenos amigos los europeos»); el índice de criminalidad estaba disminuyendo («aquí en Rusia hemos aprendido a involucrar a los criminales en el proceso de inversiones»); los inversores extranjeros no pagan impuestos hasta que sus negocios les producen beneficios («acuérdense de América en el siglo XIX, un lugar maravilloso, sin leyes *antitrust*»), y hasta la fecha se ha perforado hasta los 18.000 pies en la cuenca del Caspio sin que todavía se haya tocado fondo (ni mucho menos) en lo que parece ser un inmenso océano de petróleo.

Después de haber pronunciado este discursos, se callaron de golpe; quedaron con unas caras como de cemento, las manos tranquilamente juntas encima de las rodillas y los inocentes ojos azules mirando fijamente como perdidos hacia el infinito también azul e inocente de la estepa siberiana. El patrocinador belga tomó rápidamente las riendas de la situación y empezó a hablar a toda prisa por el micrófono que tenía más cerca: «Lo que acabamos de oír, caballeros,» dijo «son noticias verdaderamente interesantes. Hay estabilidad en Moscú, permisibilidad en las distintas regiones y, en definitiva, gran confianza en 1998. Una carretera llena de baches, *meine Herren* («señores míos», en alemán), pero les esperan al final grandes riquezas».

Sin embargo, los compradores no lo veían tan claro. Lo que acababan de oír sobre Rusia más bien les hacía inclinarse a pensar que el dinero extranje-ro tenía tantas posibilidades de sobrevivir al invierno ruso como las que tuvieron los ejércitos de Hitler y Napoleón. Setenta y nueve banqueros habían sido asesinados a tiros en Moscú o San Petersburgo en el transcurso de los últimos cuatro años, y algunos de los rusos que se paseaban por Davos –no estos burócratas, sino los que habían llegado en helicóptero con rubias despampanantes y maletas llenas de dinero americano– parecían no haber aprendido (al menos no lo suficiente) el sentido exacto de las reglas del decoro capitalista: preferían el vodka al agua mineral, no asistían a las sesiones acerca de la administración prudente del crecimiento a largo plazo de las compañías y sus acompañantes femeninas no se apuntaban a las excursiones al pintoresco pueblecito de Clavadel en trineos tirados por caballos.

Se podían apreciar leves arrugas de duda en las frentes de los ejecutivos que consultaban las notas que acababan de tomar y que se disponían a salir rumbo al siguiente turno de reuniones. El presidente de una compañía de petróleo comentaba que en Rusia era más fácil tener tratos con los criminales que con los políticos («al menos todavía se les puede comprar»). Alguien más dijo: «¿Se imaginan ustedes encontrarse a esos tres individuos en medio de la carretera a veinte millas al oeste de Sverdlovsk? Le tomarían el pelo a uno dándole a escoger "el coche o la parienta"». El redactor de una revista financiera explicaba que no era tan fácil sacar petróleo de la cuenca del Caspio: no se había puesto ningún tipo de oleoducto en el lugar y todas las posibles rutas de acceso (vía el Cáucaso hasta el Mar Negro o el Mediterráneo, desde Kazajstán hasta la China, a través de Irán y el Mar de Arabia o por Rusia y Ucrania) eran, en palabras del redactor, «problemáticas». «Estamos hablando de bandidos», añadió, «de gente que saca petróleo de un tubo de la misma forma que saca leche de una vaca».

El tema de los bandidos ocupó gran parte del tiempo de la cena de aquella noche, celebrada también en el Hotel Rinaldi: sucedió cuando Bill Richardson, embajador norteamericano en las Naciones Unidas, resumió una vez más a los líderes de los medios de comunicación de masas el tan abordado tema de Saddam Hussein. Se estaba dirigiendo a un público más numeroso que aquel que había escuchado los *dicta* de Rudi Dornbusch, por lo que Richardson realizó sus comentarios en un tono de voz entre aduladoramente vago (pues había confianza al ser todos los allí presentes hombres de Estado) y francamente exasperado (como el del americano de a pie, de corazón sincero y espíritu gregario y siempre confrontando su moral con la equivalente de la escoria humana). El Consejo de Seguridad se preparaba esa misma semana para votar una resolución americana por la que se bombardearía Bagdad en el caso de no satisfacer Irak las exigencias de los inspectores de armamento de las Naciones Unidas; ése era el objetivo de los continuos viajes de Richardson por todo el mundo: buscar apoyo para aquella medida de castigo. Madeline Albright, la secretaria de Estado, hablaba en ese mismo momento con Inglaterra y Francia; mientras tanto, Richardson tanteaba a los miembros menos destacados del Consejo de Seguridad. Esa misma mañana había estado en Suecia, pero había hecho parada en Davos (de camino a Gabón y Brasil) porque no quería perderse por nada del mundo la posibilidad de dejar clara la postura americana («*off de record*, por supuesto, y no como una tarea que me haya sido encomendada») ante un grupo tan distinguido de los más importantes periodistas del mundo entero.

Tras presentar a los Estados Unidos como una víctima de las circunstancias (en absoluto el tipo de país que se dedica a ir por ahí a la búsqueda de ciudades a las que bombardear), Richardson empezó su discurso con una serie de preguntas retóricas: ¿Qué podían hacer, si no? ¿Dónde y cómo se supone que se tenía que zanjar la situación, en un mapa o en la arena? Pues Hussein ni atendía a razones, ni mantenía su palabra ni estaba dispuesto a dejar de fabricar armas de destrucción masiva.

–¡Que se vaya al diablo! –exclamó–. Lo que ese hombre quiere es que le bombardeen.

Ninguno de los presentes se animó a respaldar esa afirmación, y fue un corresponsal inglés el que expresó el escepticismo que se respiraba en el ambiente en forma de pregunta.

–Entonces, ¿por qué quieren hacerle ese favor?

–Nadie va a hacerle a nadie ningún favor –replicó él–. No permitiendo que las Naciones Unidas sean insultadas tan gravemente, lo que hacemos es mantener la credibilidad de América.

Otro corresponsal le preguntó a Richardson cómo les presentaba sus argumentos a los distintos gobiernos cuya aprobación andaba buscando, pues quizás esos gobiernos se mostrarían preocupados por lo que habrían de pensar los árabes ante una acción de esa magnitud, o por si a Hussein se le ocurría responder al ataque enviando un misil de ántrax al centro de la ciudad de Tel Aviv.

–No es una venta sencilla –empezó él–. Primero acudo a lo mejor de nuestro arsenal diplomático:

les digo que Hussein es Hitler, que las vías diplomáticas se han agotado y que no queremos borrar del mapa a Irak, sino simplemente que obedezca de una vez. Y a continuación remato con la artillería pesada: «Ustedes verán», les digo, «pero si no nos apoyan, apártense de nuestro camino porque vamos a enviar los bombarderos tanto si les gusta como si no».

Sin abandonar su carácter de hombre exasperado, ese hombre «cansado ya de usar palabras como "serias consecuencias"» (a las que, de hecho, hacía ya caso omiso –como si de humo de cigarro barato se tratara–), Richardson accedió a responder a cualquier otra pregunta que algún otro de los presentes en la sala deseara formularle. Todos los periodistas allí congregados entendieron perfectamente que lo que el embajador había dicho antes sobre las observaciones que iba a realizar *off the record* era una invitación a hacérselas llegar a todo volumen a Saddam; a partir de ahí, la improvisada rueda de prensa rozó lo surrealista:

Pregunta: ¿Qué tipo de bombardeo se está preparando?

Respuesta: Podemos realizar tres tipos de bombardeos: el del pinchazo, el substancial y el masivo. El primero no funcionaría. Nos inclinaríamos por el substancial.

Pregunta: ¿Cuál cree que será la reacción de los restantes Estados árabes?

Respuesta: Sin duda causará gran impacto en el mundo árabe, pero podremos soportarlo.

Pregunta: ¿Y qué sucederá si Irak ataca a Israel con gas nervioso?

Respuesta: También les hemos enseñado algo sobre eso, es verdad. Lo cierto es que podría haber algún que otro escape de gas.

Pregunta: ¿Qué pasará si China veta la resolución en el Consejo de Seguridad?

Respuesta: Seguiremos adelante y realizaremos el bombardeo de todos modos. China quiere ser una gran potencia, pero no sabe cómo lograrlo.

Varios corresponsales formularon algunas preguntas sobre qué pensaban hacer los Estados Unidos una vez que las bombas hubieran hecho su viaje: ¿cuál sería el siguiente movimiento (¿cómo acababa todo?) y cómo sabría América que había cumplido sus objetivos? Richardson no estaba seguro; estaba claro que habría graves daños que quedarían reflejados en las fotografías de los satélites, y quizás también algún tipo de levantamiento popular por parte de la población iraquí, una revolución sobre la que el embajador no estaba autorizado a decir nada excepto que los Estados Unidos poseían «información muy valiosa» procedente de algunas fuentes ubicadas en el mismo Irak, información que les había costado a los Estados Unidos treinta y cinco billones de dólares, por lo que «a ese precio ya podía ser buena».

Había pasado poco más de una hora cuando el interrogatorio derivó en insulsas repeticiones y redundancias, por lo que Richardson, fiel a su mensaje y sin dejar de proferir amenazas, decidió apresurarse a contar su terrible cuento a otros oyentes de otras salas.

La preocupación por la seguridad (seguridad para las inversiones privadas, seguridad para los mercados de capital regional y los sistemas de comunicación de las compañías, seguridad para las instituciones públicas, para la sociedad civil... en definitiva: para la sociedad occidental) era constante en las conversaciones de Davos, y siempre las mismas preguntas aparecían (con ligeras variaciones) en diferentes contextos, diferentes lenguas y diferentes salas de reuniones. No es de extrañar (habida cuenta del elevado poder adquisitivo y la posición social privilegiada de los participantes) que lo que más preocupación causara fuera todo lo relativo al futuro: existía la confianza en que, en los próximos tiempos, no dejaría de aparecer esa buena y vieja mano invisible que se dedica a repartir (aquí y allá) esas generosas *stock options*, unas cuantas de las de diez o veinte millones de dólares. Pero ¿cuánto iba a durar todo eso? Y si no iba a durar, ¿en qué punto del horizonte cabía esperar que aparecieran los ángeles anunciadores del Juicio final? ¿En qué lengua hablarían, y la cabeza chorreante de sangre de qué decapitado traerían consigo?

No es que se dudara de las sagradas verdades del *laissez-faire* capitalista o que se cuestionara la eterna sabiduría del saldo final de un ejercicio. Todos los presentes sabían a la perfección que *libre mercado* era otra forma de llamar a Dios; lo que ocurre es que, al pensar en ello, se era consciente de que el mercado (como Dios) no siempre escuchaba nuestras plegarias y es por eso que algunos de los elementos más inquietos de esta *troupe* habían empezado a preguntarse si en un futuro próximo podrían seguir siendo (como les aseguraban los jefes de relaciones públicas) dueños de su propio destino.

La brusquedad del hundimiento financiero de Asia del año anterior había caído como un jarro de agua fría: ahora resultaba que quizás el mundo no era un lugar tan seguro como uno podría pensar mientras se estaba sentado aquí, en la terraza del Berghotel, degustando un fabuloso pastel de ciruela y admirando la vista del Rinehorn. Bastaba con leer los periódicos o escuchar en el Congress Centre a un intelectual de uno de esos institutos donde se pueden aprender las principales políticas que suelen adoptar los gobiernos, hablando de Ruanda o de los Balcanes, de los rusos que no paran de vender lotes de todas esas armas nucleares que se han inventado, o esa terrible historia aparecida en el *International Herald Tribune*, ésa sobre un hombre de negocios italiano secuestrado ocho meses atrás en Brescia: se ve que la familia había tardado demasiado tiempo en pagar el rescate y los secuestradores se dedicaban a ir enviando pequeños trozos de las orejas del señor (parece ser que el mes pasado iban por la oreja izquierda, pero ayer ya habían llegado a la derecha), sólo para que no se olvidaran de la deuda pendiente.

No señor, los caminos del mercado son a veces inescrutables. No se trataba de buscar otras líneas de actuación: sencillamente, que el mercado es así de duro y muy difícil de entender. He ahí la razón de todo ese ir y venir con los distintivos y los libros de las reuniones, ese «a ver si damos con la manera de que el mercado se comporte de una forma más civilizada»; por ejemplo, temperemos al menos su crueldad (lo que no era culpa del mercado, sino que se debía simplemente a su forma de ser natural) imbuyéndola de una copia de lo que podríamos llamar *conciencia*. Sin duda un proyecto ambicioso, una empresa compleja que no debía tomarse a la ligera, pero si los hombres de Davos no aceptaban ese reto, ¿quién iba a hacerlo? ¿Quién iba, si no, a sembrar en la tierra salvaje del libre mercado las semillas de la moral escrupulosa?

En la sesión número cincuenta y tres, «Corrupción internacional: ¿cómo pueden las compañías seguir las reglas sin dejar de ganar?», los participantes reunidos en la sala Salève se dedicaron a repasar lo que habían aprendido de sus amargas experiencias. Sentados en círculo en sillas de cuero color crema, empezaron por intercambiarse algunas historias admonitorias: sobre la avaricia proverbial de los ministros nigerianos de economía y petróleo, sobre las diferentes formas de blanquear dinero en climas cálidos y fríos, sobre la ventajosa competitividad de los fabricantes alemanes (quienes incluso podrían cargar sus anualidades de dos billones de dólares en sobornos como gastos deducibles de los impuestos). Los diferentes narradores también dejaron caer unas cuantas observaciones generales: la corrupción era mayor en los países que se empecinaban en mantener regulaciones demasiado rígidas, pues ningún pobre funcionario al que se le pagan cuatro duros puede negarse a una gratificación de 50.000 dólares procedente de un generoso director general de zapatos italianos y traje inglés. Al pobre hombre le costaría mirar directamente a los ojos a ese director general, hasta puede que pensara que estaba viendo la cara de Quetzalcóatl.

De todos modos, el soborno sistemático era preferible (por lo menos a corto plazo) al soborno casual, porque «entonces se trata de un coste racional». Pero a largo plazo, el soborno, bajo cualquiera de sus formas, era un enemigo de la libertad global y muy negativo para el crecimiento económico. Los puentes y las presas se derrumbaban, porque el dinero destinado a vigas de acero acababa financiando el harén del primer ministro o el zoo principal del país, y además gran cantidad de gente moría, lo que no ayudaba en nada a mejorar la predisposición local hacia las compañías internacionales. La costumbre de pagar sobornos llegaba incluso a corromper a la gente respetable del mundo del dinero: permitamos que elegantes caballeros de Londres o Dusseldorf cojan la secreta costumbre de comportarse deshonestamente con los demás, y veremos cómo, tarde o temprano, han aprendido también a comportarse deshonestamente con ellos mismos, hasta tal punto que sus informes anuales parecerá que hayan sido elaborados bajo un ventilador de techo en Abuja.

Tampoco era una cuestión fácil lo de ser a la vez un buen cristiano y un capitalista de pro, lo de cómo adecuar el natural egoísmo con la acción de poner la otra mejilla o lo de cómo solucionar el dilema de que lo que normalmente es moral no recompensa, mientras que lo que recompensa es, por definición, una cuestión moral. El delegado de Kenia planteó el problema en una observación sobre la solicitud de préstamos al Banco Mundial, el cual obligaba a quienes solicitaban el préstamo a firmar primero un documento por el que se comprometían a no caer en prácticas corruptivas. Era una idea hermosa y elevada, pero la forma habitual de hacer negocios en África no era lo que se dice perfecta, así que ¿cómo iban a comprar tractores, medicinas o trigo? Las agencias de préstamos internacionales también obligaban a sus clientes a proteger el dinero que prestaran poniendo unos intereses muy altos, lo que preservaba el estado de cuentas pero rompía toda esperanza de un posible crecimiento económico; por el contrario, si el país que solicitaba el préstamo les ofrecía a sus ciudadanos la posibilidad de unos créditos asequibles, los bancos extranjeros dejaban al acto de conceder dichos préstamos.

Ulteriores consideraciones sobre la barbarie de que iba acompañado el libre mercado se plantearon durante la conversación sostenida en el almuerzo del Seehof Hotel: la cosa transcurrió en forma de una serie de preguntas y respuestas alrededor del tema del espionaje empresarial. Una vez más, la concurrencia se las vio con el problema de la «transparencia» y la necesidad de que la gente se dijera siempre la verdad, no sólo sobre sus créditos sino también sobre sus amigos y sus socios en el mercado farmacéutico. Algunos de los países civilizados podían confiar plenamente en unas agencias de control honradas y competentes, pero dado que el mercado mundial se había vuelto tremendamente competitivo, los prudentes hombres de negocios ya estaban sobre aviso de la necesidad de tomar precauciones, pues cualquier técnica conocida por los servicios de inteligencia de algún gobierno durante la larga y oscura noche de la Guerra Fría (sistemas de vigilancia, chantajes, desinformación, teléfonos intervenidos, oportunos accidentes de tráfico...) había sido privatizada, con lo que había caído en manos de empresas sin escrúpulos ansiosas de robar a la competencia las listas con los nombres de sus clientes y los diseños de sus nuevos productos. Cualquier compañía que alcanzara ya una entidad respetable tenía que asumir forzosamente que constituía, en la mente de alguien, una presa muy apetecible, lo que quería decir que, casi con toda seguridad, en aquel mismo momento alguien estaba entrando en su sistema informático o que algunos ejecutivos integrantes de una reciente reducción de plantilla estaban vendiendo la información más secreta de la empresa a precios que rondarían las seis y siete cifras. Al mismo tiempo, el secuestro de ejecutivos apresuraba el crecimiento de una nueva y floreciente industria, no sólo en Italia y México, sino también en Bélgica y los Estados Unidos, y el crimen organizado empezaba a parecer el Sacrosanto Imperio Romano, cuyos varios tronos y posesiones había que entenderlos como subsidiarios de un conglomerado global y único (sin olvidar que el fruto de todo ese esfuerzo colectivo superaba el producto interior bruto de la mayor parte de las economías mundiales).

Si bien todo lo concerniente a la seguridad constituía el principal tema de preocupación en Davos, el siguiente en importancia en los diferentes «corralillos» era el euro (elucubraciones sobre cómo y cuándo modificaría a la sociedad europea, especulaciones sobre sus posibles consecuencias en el dólar americano o teorías sobre su origen político y su significado histórico). El argumento principal de los que estaban a favor de la nueva moneda consistía en presentarla como un *deus ex machina* que garantizaba una economía europea colectiva más competitiva dentro de los mercados mundiales y que, según sus impulsores, ocasionaría un gran superávit de energía: más trabajo, mayores beneficios, grandes expectativas... en resumen: un aumento de lo que se daba en llamar los sofás de terciopelo del estado del bienestar. Los plazos acordados en el Tratado de Maastricht obligaban a los firmantes del mismo a reducir los gastos de gobierno en lo que a esas comodidades tan cotidianas se refiere (educación pública, asistencia sanitaria, subsidios de desempleo generosos, festivales musicales sin fin, etc.), una decisión que no iba a convertirse en realidad en poco tiempo precisamente, ya que el sector de las compañías europeas no podría permitirse pagar durante mucho tiempo los gastos que todo ello comportaría; la cosa se complicaba todavía más al considerar que los fabricantes de riqueza privada querrían seguir en buenas relaciones con los asiáticos y los americanos.

Evidentemente, los cambios no se producirían todos a la vez; es más, durante el inevitable –pero breve– retraso (y mientras la buena voluntad del sector público se trasladaba hacia las indudablemente dotadas igualmente de buena voluntad oficinas del sector privado), habría un cierta cantidad de gente que quizás tendría alguna «rotura» o «dislocación» o incluso puede que (aunque sólo durante unos breves instantes) un cierto «malestar» temporal acompañado de algunos ataques de «austeridad». Esas ligeras molestias eran inevitables, pero es que tampoco era algo de lo que mereciese mucho la pena preocuparse en exceso (de igual forma que son más delicados los minutos de turbulencias que se pasan en un vuelo de fin de semana entre Londres y Biarritz de lo que lo son los posibles disturbios por culpa del pan en la Alemania de Weimar).

Los apóstoles del nuevo orden económico no eran parcos en historias de esas de las que había que sacar una moraleja, y no era nada extraño encontrarse en alguna de las mesas-conferencia de los cafés a algún banquero ansioso de hablar de las tasas tributarias de confiscación y de la burocracia del gobierno, que ahogaban el genio de la inventiva (Alemania, que mimaba a sus trabajadores concediéndoles seis semanas de vacaciones y otros veintisiete posibles días de baja por enfermedad; tres mil jóvenes franceses que se iban de París porque ningún empresario se podía permitir contratarlos, no al precio de 140 dólares a la hora una vez hemos sumado el total de los emolumentos marcados por la ley; parados en Lión que se atrevían a exigir vacaciones pagadas del periodo de enfermedad que ya se les había pagado; los otrora trabajadores ciudadanos de Hamburgo ahora ya tan vagos como los italianos, tan indolentes como los griegos, que se negaban a realizar trabajos de menor categoría porque disfrutaban de un lujo inigualable gracias a las ayudas públicas...). Algunos respondieron aludiendo a sanguijuelas; otros, a parásitos o a la piedra de Sísifo, pero todos estaban de acuerdo en que la carga era ya insoportable y que una caridad inmaculada sería sinónimo de ruina. Bastaba con fijarse en lo que había sucedido en Rusia para comprender que el socialismo, por mucho que se le cambiara el nombre, no dejaba de ser o una estupidez o una enfermedad; o el caso de China, donde se podía apreciar cómo las posibilidades del capitalismo que fomenta la libre empresa podían liberar a todo un pueblo como ése de la más abominable de las prisiones del marxismo. Los impulsores del euro no se cansaban de citar el ejemplo de China, y estaban especialmente contentos con Li Lanquing, el viceprimer ministro de la República Popular, que apareció una mañana en lo alto de un gran escenario del Congress Hall para pronunciar lo que fue considerado unánimemente como un discurso muy inspirado.

Tras compartir con sus colegas europeos su preocupación ante la perspectiva de pequeñas privaciones en un futuro próximo, el señor Li empezó por señalar que China no permanecía ajena a los retos de esa «reestructuración económica y reforma de las empresas». En China, 87.000 empresas del estado también estaban siendo privatizadas, lo que significaba quitar de aquí y de allá un total de 112 millones de trabajadores: una tarea nada fácil ni agradable, dijo el señor Li, pero a la que había que enfrentarse con valentía, pues ¿cómo pueden los países hallar el camino que conduce al jardín de la prosperidad si no es cruzando el río de la «austeridad»?

–En una de las orillas del río –dijo– tenemos la tradicional economía planificada; en la otra, la economía socialista de mercado. Actualmente, la mayoría de las empresas chinas han cruzado ya el río y funcionan bien una vez superado el lógico proceso de adaptación al nuevo entorno y a la ley de la economía de mercado... Pero quedan otras que todavía siguen luchando por cruzar el río de diferentes formas: algunas nadando, otras en barco, y las hay que llegan a construir puentes y todo. Mi opinión es que en unos tres años la mayoría habrá alcanzado la otra orilla sana y salva. Sin embargo, debemos pensar que lo que hay que cruzar es un río y que, por eso mismo, algunas de ellas puede que se ahoguen.

La parábola del señor Li fue acogida por la audiencia que se había dado cita en el Congress Hall con un caluroso aplauso: un cuento bucólico, tan simple pero a la vez tan inspiradamente relatado. Eso de ahogarse en el Weser o en el Marne quizás no era tan instructivo como lo de ser arrastrado por las aguas desbordadas del Yangtze, aunque la moraleja era la misma y realmente digna de recordarse, más todavía en unos tiempos como aquellos en que los conductores de autobús de Mainz o Lille empezaban a quejarse de que se estuvieran acabando las vacaciones pagadas.

Dado que la reunión de Davos era más bien un encuentro de inversores que una asamblea de ciudadanos, y que las ventajas implícitas del euro supondrían un importante incremento de las cuentas de las empresas y bancos más importantes, no debe extrañar que el sentimiento favorable a la nueva moneda superara en mucho a los comentarios de desconfianza o desaprobación. La mayoría de los escépticos que me encontré en el Congress Hall o por la ciudad parecía que eran franceses, y no mucho más amigos de argumentar su postura de lo que lo fue un alcalde de provincias al que confundí con un intelectual de París la noche del viernes anterior en el bar del National Hotel: un hombre abierto de unos cincuenta y pocos, vestido a la moda con un suéter de cuello vuelto y un traje de *tweed*, que se veía por sus palabras que era un hombre alegre y que, para explicarle el Tratado de Maastricht a una joven señorita que admiró su reloj pero que no había prestado atención a las alusiones que había hecho él sobre Robespierre y Talleyrand, se lo comparó: con una serie de medios económicos destinados a conseguir un objetivo político; con un gobierno impuesto a la fuerza, y con un nuevo contrato social redactado por peritos mercantiles y administrado por un banco de Frankfurt... Muy bonito en la teoría, dijo él, pero no tanto en la práctica: ¿qué pasaría si la moneda común, que es el euro, no obtuviera los felices resultados previstos por Louis Vuitton y el canciller Kohl? ¿Y si las buenas noticias tardaban en llegar más de lo esperado? Entonces ¿qué? Se encogió de hombros y añadió que (¡ay, Dios mío!) ya podía imaginarse lo que iba a pasar: barricadas en la Rue St. Honoré y los carros rodando de nuevo por los adoquines de la Place Vendôme.

La joven señorita asoció la Rue St. Honoré con el Hotel Bristol y el Dior, y no pareció muy interesada en carros, por lo que decidió buscar una compañía más animada en la otra punta del bar; una marcha tan repentina obligó a su pasmado preceptor a dibujar una estúpida sonrisa.

–No encontrarán ustedes una prueba más elegante del gran teorema de la globalización –comentó–. Como los patos o los colibríes, acuden a Davos desde lugares tan distantes como Islandia o las Islas Canarias.

Me invitó a acompañarle en lo poco que le quedaba para terminarse su Calvados: se presentó como alcalde de una ciudad de Aquitania, exportador de vino e historiador frustrado interesado sobre todo en las guerras napoleónicas. En su condición de político y de ciudadano, él estaba a favor de un gobierno que estuviera en manos de servidores públicos ilustrados, gente educada en las *écoles supérieures* con la que se podía contar para la preservación tanto de la historia de Francia como de los árboles o de los jardines del país. Atribuyó el origen del euro al temor del militarismo alemán: al final de la segunda Guerra Mundial se pensó que si los alemanes podían ser reconducidos pacíficamente al concierto europeo, quizás no necesitarían recurrir nuevamente a otro Bismarck o a otro Hitler para recuperar la confianza perdida. Era una buena idea y una propuesta esperanzadora, pero que de nada servía si a Europa no la gobernaba gente tan civilizada como los franceses, que no era –por desgracia– el camino que habían seguido los acontecimientos. La unión económica y monetaria otorgaba todo poder de decisión al mecanismo del libre mercado, que no sabía leer ni escribir –y mucho menos pensar–. No se podía esperar nada bueno de un ejemplo tan burdo de idolatría anglosajona. La privatización de los monopolios estatales (que pasarían a llamarse *activo*) iría a engrosar (sin ninguna duda) intereses comerciales, quizás incluso satisfacería la vanidad de algunos financieros felices de acabar con la supremacía del dólar americano y seguro que reduciría el coste que supone transportar anguilas desde San Sebastián a Estocolmo y Salerno. Pero ¿acaso iba la entrada del euro a disminuir el precio de los artículos de primera necesidad y el paro, a descubrir alguna nueva constitución en un estado de cuentas o a comprender la política relacionada con el chocolate de Bélgica? Mi amigo el alcalde no lo creía así.

–La credibilidad de una moneda de curso legal –dijo– depende de un gobierno creíble, y ¿quién les explicará a los italianos que tienen que cantar y bailar al son que toquen los alemanes? Un país que cede el control de su propio dinero lo que hace en el fondo es soltar las riendas de su propio destino, y si las cosas no van bien en Portugal o en Finlandia, ¿qué tipo de ayuda cree que les va a llegar de los gerentes de banco de Frankfurt?

Como la pregunta se respondía a ella misma, el alcalde, complacido con sus filigranas retóricas, inició una disquisición sobre la diferente actitud de franceses y británicos hacia las ostras: los primeros eran hombres de Estado y, en consecuencia, de buena voluntad, mientras que los segundos estaban sujetos a los poderes del mercado, lo que los convertía en unos groseros. Yo no tenía tiempo de oír toda su perorata, no si quería llegar a coger el último funicular al Berghotel Schatzalp; por eso me despedí del alcalde no sin antes prometerle que al día siguiente retomaríamos la conversación exactamente en el mismo punto en que la dejábamos; una vez hecho esto, me dirigí al paseo y de ahí, en compañía de dos señores de abrigo negro (ninguno de ellos llevaba los distintivos de identificación ni tenían pinta de hablar inglés), ¡arriba! por entre los pinos hacia el antaño sanatorio en donde Ludovico Settembrini enseñara al joven Hans Castorp a apreciar las virtudes del filisteísmo y la belleza de la música burguesa para piano.

A la mañana siguiente muy temprano, mientras me hallaba sentado a la mesa del desayuno en la terraza del hotel y a plena luz de un nuevo día que empezaba lo que de hecho era su descenso hacia esa ciudad de juguete que parecía Davos, me hice una lista con las preguntas que pensaba hacerle al doctor Klaus Schwab, el fundador del Foro Económico Mundial, además de principal defensor del mismo, consejero matrimonial y guía espiritual. Habíamos concertado una entrevista para las diez y, aunque no esperaba que se pareciese excesivamente a Hofrat Behrens (ni bata blanca ni estereoscopio... en pocas palabras: un académico suizo en lugar de un doctor alemán), me habían comentado (para ser exactos, Foges y un corresponsal de uno de los periódicos de Londres) que Schwab solía clasificar las diversas formas de los males de la economía con nombres de enfermedades físicas: hablaba de mercados de capital «febriles» o «tísicos», de un producto interior bruto «paralítico» o de una balanza comercial «que supura». También se comentaba que al profesor le gustaba la gente preparada, por lo que, después de abastecerme de una respetable cantidad de café y bollos, me dispuse a sacar algo en claro de lo que eran un montón de anotaciones dispersas aquí y allá, apartes poco serios en los márgenes de documentos oficiales de ciertas reuniones (acerca de «juicios morales de las diversas culturas» y «las perspectivas para Kazajstán»), listas de estadísticas posiblemente relevantes (la economía japonesa ocho veces superior a la china; el 85 % del capital mundial en manos de inversores privados; las líneas aéreas coreanas en venta a un precio inferior al de un solo *Boeing* 747), fragmentos de conversaciones cazados al vuelo por los pasillos del Congress Centre («Soy pacifista, pero si vamos a ir a la guerra, seguro que la ganamos»), frases descriptivas y algunas observaciones imposibles de atribuir a alguien en concreto o ni tan siquiera de citar. Muchas de estas anotaciones ya no tenían validez alguna, pues tal impresión recogida el jueves había sido corregida por un hecho acaecido el viernes, pero sí que era sorprendente comprobar que muchas de ellas todavía eran capaces de evocar una escena memorable o un tono de voz particular, como el de Elie Wiesel adoptando el papel de moralista invitado y analizando el contenido general de la reunión de Davos para una joven de la televisión mexicana («En ningún lugar encontrará usted una conferencia donde tantos líderes de la industria mundial hablen sobre el alma»); el arzobispo Desmond Tutu rodeado de un séquito de enfervorizados admiradores en el Photo Café, exigiendo en voz alta saber lo que pensaban hacer los principales bancos europeos para que subiera el precio del oro de Sudáfrica; Shoichiro Toyoda, el presidente de Toyota, defendiendo el honor de las empresas japonesas con un montón de tópicos que se mantenían en pie con la solidez de una garza origami y terminando su declamación con la brevedad de un haiku: «la confianza mutua tiene que traspasar las fronteras de la historia y de la cultura», para terminar rematando (eso sí, ligeramente apesadumbrado), «un acuerdo entre caballeros es fantástico cuando todo el mundo es caballero», y Ingo Walter, director del Salomon Centre de la Universidad de Nueva York, un hombre de cara de búho con un traje arrugado y absolutamente satisfecho del acrónimo recientemente acuñado por él mismo, BOBs, que alude a «las hondas y las flechas de la ultrajante fortuna» (es decir, «*bolt out of the blue*»[1]) que a veces se ven obligadas a dirigir su atención hacia la globalización económica.

Foges había calificado de «cabaret» al reparto secundario formado por el resto de entendidos que deambulaban por allí, una compañía de historiadores cantantes y economistas bailarines, hombres de barba respetable avanzados a su tiempo haciendo números de magia con levitaciones estadísticas en lugar de con conejos y pañuelos de seda, sin olvidarnos de los filósofos payasos tocando las trompetas que anuncian el Juicio final. Al cabo de sólo dos días de estar en Davos, ya entendía el sentido de las palabras de Foges, pero yo prefería recurrir a la metáfora de una representación de teatro medieval de esas llenas de pasión. Los participantes procedentes de empresas se mantenían fieles a su estricto programa de entradas y salidas, estudiando con enorme diligencia sus libros de reuniones, al menos con tanta

[1] Juego de palabras intraducible con las iniciales del acrónimo.

como la que empleaban durante sus funciones intelectuales, que se desarrollaban en medio de murmullos cargados de abstracciones ceremoniales. No me habría resultado nada difícil pintar un cuadro muy descriptivo de la compañía, con sus capas de armiño y sus sombreros de terciopelo poniendo en escena por las calles de Bayreuth u Oberammergau su función anual de la fantástica y ya vieja representación de Pascua *The Agony of Mammon.*

Pero no pude dejar de admirar la sinceridad de su devoción y el mérito de sus buenas intenciones, y mientras revolvía por entre unas anotaciones esparcidas por la mesa del desayuno a una altitud de 5.000 pies, se me ocurrió pensar en todos aquellos hombres de negocios que no se habían molestado en venir hasta Davos, los que pensaron que no merecía la pena perder ni tiempo ni energías en realizar la ascensión desde los lugares inferiores de la Tierra (el «llano» en palabras de Thomas Mann), ese lugar donde los hombres se peleaban unos con otros con estupidez y con cuchillos. La noche antes de partir hacia Zurich cené en Nueva York con los tres principales responsables de una operación de bolsa compensatoria que había resultado un éxito, quienes me describieron la reunión de Davos como un intercambio fútil de perogrulladas carentes de valor. Podía haber mucha acción en Nueva York esa semana, y eso resultaría mucho más interesante que pisar nieve, así que ¿quién correría con los gastos de una posible oportunidad perdida? ¿Para qué molestarse en disimular las crueldades de la práctica capitalista establecida de cada día con los jirones de una conciencia de misa de domingo? ¿Con qué propósito y para beneficio de quién? ¿Acaso tenían cara de tontos?

Uno de los caballeros presentes pidió una botella de Latour de dos mil dólares para celebrar el éxito de la venta corta que habían hecho del capital de yen japonés, y una vez hubieron acabado con el pescado, pasaron a hablar de la posibilidad de hacer alguna incursión en el *krugerrand* (un tipo de moneda) de Suráfrica. Las cifras que se barajaban de las especulaciones que debían realizarse, tanto las propias como las de los inversores de su misma calaña de Londres, Hong Kong o Buenos Aires, comportarían sin duda algunos inconvenientes de peso para las maltrechas economías de ambos países, hasta el punto de forzar la devaluación de sus monedas y provocar todas esas consecuencias que son habituales en situaciones como ésa, es decir, fuerte desempleo, subida de los intereses o de la inflación y distribución a gran escala de miedo y miseria. Bueno, ¿y qué? ¿Por qué iban a preocuparse ellos de unos cuantos gritos de dolor de un país todavía salvaje? A lo que se jugaba era al propio interés, así que si no se jugaba para ganar, es que se era lo bastante estúpido como para ir a Davos.

–Lo bastante estúpido –dijo Klaus Schwab– o quizás lo bastante sabio para saber que hay estúpidos de muchas clases, que se presentan incluso como candidatos o que llegan a criminales.

Llegó a las diez en punto un hombre calvo de ojos azules de poco más de sesenta años, vestido con un abrigo gris y bufanda de lana, más alto de lo que me había imaginado: corroboró con creces los informes que de él tenía, que me lo pintaban como un profesor optimista y un idealista empedernido. Antes de plantearle el tema del cinismo expuesto en la mesa de una esquina de uno de los restaurantes más caros de Nueva York, tuve la oportunidad de hacerle las suficientes preguntas sobre el Foro Económico Mundial (sus orígenes y objetivos, la naturaleza de sus participantes, sus posibles consecuencias...) como para darme cuenta de que seguramente habría adivinado cuál de los banqueros inversores de esa cena tenía carnéts de temporada para ir a ver a los Knicks y cuál era el que había pedido la botella de Latour de dos mil dólares. El profesor no necesitaba ser uno más entre el gentío de los que apuestan en Wall Street; además, el Foro le obligaba a dedicar todo su tiempo a esa minoría de ilustres y felices capitalistas (uno de cada cinco aproximadamente) procedentes de todo el mundo y dispuestos a aumentar su radio de acción más allá de lo que alcanza un catálogo de vinos.

Schwab organizó el primer encuentro en Davos en 1971 para unos 400 hombres de negocios europeos interesados en las implicaciones sociales y el sentido exacto de esa nueva palabra americana, «emprendedor». Schwab (en aquel entonces profesor de Economía en la International Management Institute Business School de Ginebra, logró reunir para el programa general a un conjunto de conferenciantes muy conocidos por su libre iniciativa empresarial surgida de la bondad de la regulación gubernamental. El encuentro fue un éxito tan grande que Schwab lo repitió en 1972. En 1973 ya era el Foro Económico Mundial, que había de celebrarse definitivamente cada año; con el tiempo fue ampliando su programa y empezó a llamar la atención de destacados políticos y de eminentes hombres de negocios, tanto de Asia como de América y Europa.

–De repente –comentaba Schwab–, Davos se había convertido en un lugar donde podían hablar mutuamente de cualquier cosa al mismo tiempo, en el mismo lugar y sin tener que desplazarse a otros países o tener que recurrir a las pesadas embajadas o a citas a través de secretarias. Si logras que se sienten todos juntos alrededor de la misma mesa, puede que ocurra algo grande.

Organizado más como un club que como una reunión de especialistas o un instituto sobre políticas mundiales, el Foro limita la asistencia a empresas que facturen en líquido al menos un billón de dólares anuales y que cuenten con algún director o jefe ejecutivo conocido por demostrar algo más que un interés pasajero por lo que pasa en el mundo. El coste de los derechos anuales de asistencia asciende a casi 20.000 dólares y las empresas participantes (cuyo número se estableció en 1.100, que es el total de habitaciones de hotel de primera clase que hay en Davos) sólo pueden enviar a las conversaciones de enero de la montaña mágica de Davos a una sola persona. El Foro realiza revisiones periódicas de su lista de invitados, eliminando de ella a los que, a pesar de ser ricos todavía, no mantienen su puesto al frente de las nuevas tecnologías o de las nuevas ideas. Nunca es fácil eso de disparar al viejo elefante, comentaba Schwab, pero ¿de qué otra forma se podía estar siempre al día y seguir el curso de los acontecimientos? Quince años atrás la mayoría de las empresas participantes eran europeas, junto con bancos y fabricantes a gran escala, pero ahora había entre las empresas asistentes muchas procedentes de Asia y América que habían ido corrigiendo ese desequilibrio inicial y que representaban a las industrias más avanzadas de la comunicación, del turismo, de la ingeniería genética, de los medios de comunicación de masas y del comercio al pormenor.

A modo de complemento de la reunión de Davos, el Foro patrocinaba reuniones regionales (por ejemplo, en Singapur, Ciudad del Cabo o Washington), y Schwab ya sabía que la latitud y el cambio de horario no constituían ningún problema, pues, aunque lo más esencial de las conversaciones de la última década había sido al principio la espinosa cuestión de los medios (¿Cómo? ¿A qué precio?), la cosa había ido derivando hacia el problema –vagamente planteado– de los objetivos (¿Por qué? ¿Con qué finalidad?). Él atribuía este cambio de interés a la toma de conciencia, por parte de los propietarios mundiales más previsores, de las verdaderas complicaciones que iba a traer la globalización económica (más de las inicialmente previstas); mientras no apareciera un argumento convincente por parte de las izquierdas socialistas, hasta los ciudadanos empresarios más bienintencionados de este mundo vagarían solos en el vacío, un vacío cómodo y provisto de todo lo necesario, por supuesto, pero que no por eso dejaba de ser, desgraciadamente, un vacío.

Aprovechando la preocupación de Schwab por el vacío (tanto intelectual como moral), pasé a formularle mis propias observaciones acerca de los tres banqueros del Le Bernardin, lo que a su vez le obligó a él a hacer mención de los estúpidos armados y peligrosos que se dedican a perturbar la paz de las naciones: alguien tenía que afrontar los problemas, y ésa era la razón por la que los señores del universo empresarial tenían que aprender a pensar como hombres de Estado y por la que el Foro Económico Mundial invitaba a debatir sobre política y filosofía, a la vez que organizaba sesiones sobre mercados de obligaciones y de dinero en circulación.

–Es inútil decirle a esta gente cómo pueden tener más éxito –aclaraba él –. Si no supieran ya cómo hacerlo, seguro que no estarían aquí; están muy seguros de sí mismos.

La pesadumbre de su voz parecía un eco de la voz de Shoichiro Toyoda, y en el silencio que siguió, mientras Schwab removía la cucharilla del café dentro de la taza y observaba dos pajarillos perseguirse juguetonamente por entre las ramas de un pino, me acordé de golpe de una película de Akira Kurosawa que hacía veinte años que no veía. Lo que me vino a la memoria con tanta claridad como las delgadas e inmóviles columnas de humo procedentes de la ciudad de Davos, fue la escena en que un viejo monje zen atrapa a un joven y violento bandido en una jaula de bambú, que iza lleno de gozo a lo más alto de un árbol como si hubiera cazado una fiera salvaje. El bandido no para de gruñir y de enseñar los dientes, pero el monje se ríe de él y le recita acertijos irresolubles del zen. Los diez o quince minutos siguientes abarcan un periodo que comprende un aprendizaje de otros tantos años, con el monje lanzando pergaminos budistas a través de los barrotes como si de coles o conejos recién cazados se tratara, forzando con ello al prisionero a comer de la mano de la sabiduría. La película, que es relatada como un cuento con moraleja en forma de tres episodios de dos horas cada uno, prosigue con el bandido convertido en la caballerosa figura de un guerrero samuray que lucha y vence en su último duelo a pesar de empuñar una espada de madera, pues es la fortaleza de su espíritu la que imprime valor y fuerza a la endeblez de su arma. La verdad es que Schwab tenía tan poco parecido físico con el monje de Kurosawa como con el director médico del sanatorio de Mann, pero no era difícil imaginárselo bombardeando salas de juntas de algunas empresas con filosóficos mensajes en forma de *e-mail* en los que les recordaría a los a veces primitivos ejecutivos la necesidad de comer el pan del «globalismo» y de beber la leche del «diálogo».

Hablamos durante no más de quince minutos (Schwab dando siempre a sus observaciones la extensión propia de una conferencia de estudios superiores), y mientras bajábamos juntos en la cabina del funicular del hotel con la última tanda de participantes de la mañana (recién afeitados, perfumados con litros de colonia y sin parar de intercambiar impresiones acerca de a qué sesiones pensaban asistir ese día), me preguntaba si el Foro Económico Mundial sabía ya por qué criterios se iba a regir a la hora de otorgar a sus estudiantes el aprobado o el suspenso.

A juzgar por mis propias observaciones sobre las matriculaciones que hubo en Davos el invierno de 1998, parece que Schwab no acertó a tener lo que, digamos, podríamos calificar de excedente de estudiantes de sobresaliente, no porque las damas y los caballeros del universo capitalista (la mayoría hombres, muy pocas mujeres) no fueran inteligentes –un alto porcentaje lo era bastante más y estaba bastante mejor informado que sus colegas de los círculos académicos y eruditos–, sino porque no estaban hechos para la política: habían alcanzado el éxito gracias a su capacidad de organización y enfocaban el problema del capitalismo postmoderno como una cuestión de administración más que como una búsqueda de metáforas. Habían hecho suya gran parte de las opiniones de los medios de comunicación de masas: así, creían que los parlamentos del mundo estaban al servicio de los mercados mundiales, que la política desempeñaba una función subordinada a la economía y que la democracia era un derivado agradable del capitalismo. Las legislaturas iban y venían como pelotas de fútbol o moscas de la fruta, y sólo había dos clases de políticos, ninguna de ellas digna de la menor confianza:

los demagogos ilustrados que agitan a las multitudes y los «legisladores pesados» siempre molestando a la gente con demandas por soborno. Quizás el mercado tenía sus defectos, pero la política era mucho peor. Las ideologías impedían que la distribución de la riqueza siguiera su curso natural, y el gobierno nunca sabía administrar nada correctamente (ni carreteras, ni granjas lecheras ni casinos donde se apuesta dinero ni flujos de capital). Todo iría mejor y la civilización ganaría mucho tan sólo con fabricar unos políticos de una marca muy sana («sin sal», «sin riesgo para su salud» o «tiernos como niños») por el mismo proceso con el que se fabrican aspirinas, cámaras fotográficas o champús.

La mayoría de los participantes estaba tan de acuerdo sobre este punto que, cuando John J. Sweeney, presidente de AFL-CIO («American Federation of Labor and Congress of Industrial Organizations»), subió al escenario del Congress Hall el sábado por la mañana, su audiencia estaba predispuesta a escuchar otros diez minutos de tópicos sobre posibles irregularidades en el gobierno y decidida a reconocer los «retos» implícitos en la mecánica de la «reestructuración económica y la reforma de las empresas». Si un comunista chino era capaz de escapar de la prisión marxista, seguramente un líder obrero americano podría hacer lo mismo.

Pero Sweeney resultó ser uno de los pocos asistentes al Foro que dio la voz de alarma en nombre de los votantes del mundo que no veían las cosas tan claras. Como el resto de gente que se había congregado en Davos, él sabía de las proezas de la tecnología moderna y de los milagros de la producción empresarial, pero no acertaba a comprender por qué se había utilizado tanta cantidad de toda esa nueva riqueza para paliar las necesidades de la mayoría como para satisfacer los placeres de una minoría.

–Miren a su alrededor –invitó–: Japón en plena recesión, Asia en crisis galopante... Rusia acosada por una especie de capitalismo *gangsterista* y primitivo, Europa estancada, África con las cuentas canceladas desde hace tiempo, Latinoamérica a la deriva...

Los indicios eran inequívocos y, a menos que la riqueza generada por la globalización económica se repartiera de forma más equitativa y fuera compartida con todos, ya podían prepararse las naciones de la Tierra para un asedio de violencia «que, en comparación con él, el siglo XX nos parecerá que ha sido un juego de niños». Tampoco confiaba Sweeney en exceso en las pruebas de la defensa que la prosperidad americana presentaba en forma de cotización al alza de la bolsa de Nueva York: sí, el ejemplo de los Estados Unidos era un caso de éxito económico y claro de que había gente que lo estaba haciendo muy bien, pero uno de cada cinco niños nacía en la miseria, las escuelas eran un caos y lo mismo sucedía con los hospitales y con las carreteras, y no se podría hablar de éxito del sistema (al menos no por mucho tiempo) mientras los trabajadores no pudieran comprarse lo que ellos mismos producían. Incluso en América, ese país tan rico y tan feliz, la enorme distancia que separaba a ricos de pobres se hacía cada vez más difícil de salvar, y lo mismo sucedía con la distancia entre cultos y analfabetos o entre la libertad concedida al capital sin control y la servidumbre impuesta al trabajo no sindicado.

–Si la clase obrera no desempeña ningún papel –dijo Sweeney–, entonces la democracia no tiene futuro.

Esta observación provocó el murmullo general de desaprobación de la concurrencia y un crujido de programas y libros de reuniones. Un banquero holandés se alzó para sugerir que quizás el señor Sweeney no había estado prestando excesiva atención a lo que se venía diciendo en las salas de conferencia, o que quizás se olvidaba de las noticias que daban cuenta del tónico reconstituyente que era la privatización y que, con toda seguridad, iba a curar la enfermedad de las economías de Asia y Europa al hacerlas muchísimo más competitivas.

–Usted está hablando –le dijo a Sweeney– de proteccionismo, una especie de regalo para la clase obrera de América.

–No –le respondió el otro–, no es proteccionismo, sino un reparto más justo del botín. Hasta el momento a los trabajadores sólo les ha tocado la austeridad y poco más: la prosperidad se la están llevando los especuladores.

La réplica de Sweeney cayó como una piedrecilla en un pozo de indiferencia, y sus observaciones habrían sido desechadas sin miramientos de no haber tenido a su lado a George Soros, financiero tan famoso por su filantropía política como venerado por su inmensa fortuna. ¿Quién podía permitirse no prestar atención a las palabras de George Soros, la voz de la riqueza encarnada y, por eso mismo, omnisciente? Allí, en Davos, era el hombre con el que todo el mundo quería hablar, el sabio de la Europa más oriental y santo patrón de Praga, que había ganado un billón de dólares en una sola semana en 1992 especulando con la libra esterlina, una figura casi mítica de quien se creía que había descubierto el secreto de Rumpelstiltskin sobre cómo convertir paja en oro. Las palabras de Sweeney habían surtido tan poco efecto como una gota en el desierto, pero las palabras de Soros eran de tanto peso como las piedras de la Isla de Pascua, y el mismo Soros tan frío como Sweeney.

Sólo los imbéciles podían creer en mercados con conciencia, empezó Soros, los imbéciles y los apoltronados profesores de economía. Los mercados eran mudos como piedras y ciegos como murciélagos, inestables por naturaleza, porque la gente prefería los cien pájaros volando al que tenían en mano; por consiguiente, era imposible mantener un estado de equilibrio continuado.

–Imagínense un péndulo –dijo Soros–, un péndulo que se vuelve una bola demoledora para derribo balanceándose fuera de control y cada vez a mayor velocidad, golpeando economía tras economía: primero México, luego Indonesia y Corea del Sur... ¿Cuál será la siguiente? Quizás Brasil o puede que Japón...

El murmullo general en el Congress Hall denotaba aprensión, y las encantadoras chicas que sostenían los micrófonos se vieron acosadas por algunos participantes ansiosos de realizar imperiosas objeciones. Las preguntas retomaban las observaciones anteriores del banquero holandés: ¿qué quedaba entonces de las maravillas de la privatización? ¿Qué de la infinita sabiduría de la buena y vieja mano invisible?

–El fundamentalismo de mercado no sirve para nada –advirtió Soros–. Sin la intervención en Asia del Fondo Monetario Internacional y del Banco Mundial, todo el sistema se habría venido abajo.

Las preguntas arreciaron hasta que se acabó el tiempo: Soros las respondía con un aire de alegre pesimismo. Dejado a su libre antojo, decía Soros, el mercado global se *autodestruiría*: no por ninguna razón ideológica ni porque el mercado estuviera resentido con la gente rica o no hubiera votado a los republicanos, sino porque obedecía a las leyes del movimiento más que al dictado de la razón, y no sabía hacer nada excepto *autodestruirse*. Ciertamente sería fantástico que alguien inventara un conjunto de instituciones internacionales capaces de contener el mercado, algo al viejo estilo de los acuerdos de Bretton Woods (del año 1944, en la localidad del mismo nombre: una conferencia monetaria internacional de donde surgieron el Fondo Monetario Internacional y el Banco Mundial) o en la línea de un sistema de reserva federal. Cuando las catástrofes económicas son «lo suficientemente grandes como para que se acabe lo que se da», decía Soros, se necesita un mecanismo «que restaure el proceso de préstamos». Varias personas se levantaron de sus asientos para preguntar acerca de la naturaleza exacta del mecanismo, cómo podían crearse unas tales instituciones internacionales y de quién o de dónde recibirían su patente de autoridad. Soros sonrió y dijo que no sabía las respuestas, así que, cuando la sesión plenaria llegó a su fin en medio de lo que siguió siendo un clamor de voces ansiosas, él dejó a la concurrencia con sus elucubraciones deseándoles a todos un buen día.

Las sesiones y discursos se prolongaron durante tres días más pero, por las noticias que yo tengo, nadie fue capaz de descubrir el *password* filosofal, al menos nadie de los que estaban apostados ante los paneles electrónicos resolviendo el rompecabezas de la economía global o justificando los designios del mercado a los mortales. No es que los participantes no buscaran: Dios sabe que sí que lo hacían –escrutando documentos, prestando máxima atención a las traducciones simultáneas en ruso y japonés, constantes en sus consumiciones de brandy de ciruela–, pero no lograron ingeniárselas para descubrir las fórmulas de conexión de la avanzada tecnología que pudieran dar a Leviatán una conciencia a lo Jesucristo o un rostro humano. Las posibles variables eran muchas y difíciles de calcular, y aun en el caso de que pudieran ser reducidas a una serie de filas de código digital que se portaran bien, lo que saldría impreso de los ordenadores del Congress Centre seguramente se parecería a esos mensajes que salen de la máquina que te dice el futuro en un salón recreativo –vende oro, compra el Islam, estate en casa antes de medianoche y no juegues al Monopoly con banqueros japoneses.

Varios eminentes participantes (la mayoría de América) ofrecían curas milagrosas y remedios mágicos. El domingo por la mañana, el presidente de la Cámara de los Representantes, Newt Gingrich, apareció ante el club de líderes de los medios de comunicación de masas en el *Post Stubi* del Posthotel, desbordante en su papel del hombre que lo sabe todo y del «todo está bajo control». A gusto en los ambientes sutiles y elevados de los tópicos expuestos con mucho dominio y genialmente alejados de las dudas que llenaban al rebaño del resto de los hombres inferiores, Gingrich alardeó de la posición privilegiada que ocupaba América en el mundo –en poder de la supremacía militar, sus inversiones millonarias en la investigación científica, su capacidad incuestionable para proteger a las naciones de la Tierra bajo el ala de las águilas de lo que Gingrich llamó la «*Pax Humana*», una expresión y un concepto que debió pensar que se ajustaba más a la realidad geopolítica que la anterior «*Pax Americana*», la cual arrastraba todavía las viejas y trasnochadas connotaciones de brutalidad y codicia. De ahora en adelante, las naciones de la tierra no tendrían otro remedio que reconocer con entusiasmo que eran miembros privilegiados de un «paradigma policéntrico y multipolar», más que meros habitantes de los bajos fondos insanos y a veces peligrosos, otrora conocidos como el *mundo*.

Gingrich departió con los asistentes dándose muchos aires, y la gente decidió trasladarse al *ca-*

rieget adyacente para escuchar a Bill Gates, el hombre más rico de toda la cristiandad y, en consecuencia, un oráculo perfectamente capacitado para rebatir (con una segunda y preferiblemente más esperanzadora opinión) las palabras de Soros. Los periodistas se congregaron en masa en la sala como si fueran los pastorcillos que acudieron a contemplar el milagro de Belén; David Gergen (en otro tiempo uno de los encargados de escribirles los discursos a los presidentes Richard Nixon y Ronald Reegan) tuvo el honor de pronunciar unas educadas y laudatorias palabras de presentación: «Su nombre, señor, es todavía sinónimo del siglo XX». Pero a pesar de que Gates rebosaba animado optimismo (hablando en voz alta y piante y regalando a los asistentes su mejor sonrisa infantil, ésa con que había adornado su apoyo televisivo a los clubs de golf Callaway), carecía del aura de la *gravitas* que pudiera devolver realmente la confianza perdida. Mencionó algo sobre «grandes ideas» asomando en el horizonte del nuevo milenio y describió algo de una «sustancia sin mezcla» que estaban embotellando en casa, en los suburbios de Seattle, algunos genios de Microsoft; pero la impresión que dio fue la de un niño encantador con un montón de muñecos de *Star Wars*.

Al día siguiente partí hacia Zurich en coche en lugar de en tren (porque el viaje era menos largo y porque las inmensas curvas de la carretera me permitían disfrutar de una mejor vista de los Alpes Grisones. Venía conmigo la inevitable cartera de lona con un peso respetablemente aumentado de datos suplementarios. Busqué en algunos documentos (de los que muy bien podría haberme deshecho ya allí) a la caza de la observación casual que me sugiriera un resumen final o unas palabras de cierre adecuadas. Pero nada acudió a mi mente de una forma inmediata. Al final, como al principio, me sentía igual que cuando estaba con Foges en el bar del Hotel Rinaldi, con esa sensación de que se me escapaba algo, de que seguro de que en algún otro lugar había estado ocurriendo algo mucho más importante. Pues Foges no se había equivocado acerca de la cantidad de gente yendo de un sitio para otro como perdida o temporalmente fuera de lugar, o acerca de la sensación general de inquietud (muy palpable pero más bien leve) cerniéndose constantemente en el ambiente no contaminado del Congress Centre. Entre una gran cantidad de los papeles esparcidos por el asiento trasero del coche encontré un número sorprendente de observaciones marginales –tanto de líderes de los medios de comunicación de masas como de responsables de grandes compañías– en las que comparaban la globalización económica con el *Titanic* –por ejemplo, referencias a la banda de la cubierta tocando el tema de *El rey León* o chistes sobre el mercado que emerge en forma de icebergs en algún lugar de estribor. Otras anotaciones de otros libros de reuniones me recordaron el tono apesadumbrado, casi elegíaco, que había captado en las voces de Shoichiro Toyoda y el profesor Schwab; y en unas pocas e ilegibles líneas de un sobre me encontré de nuevo con el hombre de Kenia de pie en el Congress Hall, muy tieso y muy negro, recordando a los distinguidos miembros de la mesa sentados encima de la tarima que en África las noticias relativas a la economía distaban mucho de ser buenas, y añadiendo en nombre de sus compatriotas –no sólo de Kenia, sino también de Ruanda, Nigeria, Zaire...–: «No os olvidéis de nosotros... estamos aquí... somos un león que tan sólo esta dormido...».

Los distinguidos miembros de la mesa, banqueros europeos y americanos que habían estado discutiendo sobre los puntos cruciales de la especulación actual, estaba claro que no sabían demasiadas cosas de leones, dormidos o despiertos, y tras mirarse los unos a los otros para ver si alguno hallaba el comentario preciso que les sacara del mal paso, pasaron en silencio a la siguiente pregunta con una expresión tan vacía como los desiertos del Sudán. No sabría decir si se sintieron apurados o simplemente irritados, pero su manera instintiva de eludir la perspectiva de una posible catástrofe habló del complicado dilema que se le planteaba a toda la espléndida congregación de personalidades reunidas en una majestuosa montaña de Davos con más elocuencia de lo que lo hubieran podido hacer todos los folletos de reuniones del Foro entero. Era un parlamento integrado por grandes empresarios, y África estaba fuera de los límites de su jurisdicción; de un cariz no muy diferente fue el resto de proposiciones «globales» planteadas en el Congress Hall (terrorismo, degradación del medio ambiente, guerra, analfabetismo...) en medio de la pompa y la fanfarria de la traducción simultánea y de las proyecciones que te pasan por encima de la cabeza.

Así que ¿cómo tenían que proceder los participantes? Ellos deseaban vivir en un mundo dirigido por unas reglas perfectamente establecidas: reglas de contrato, reglas de transferencias de dinero y de información, reglas sobre la contaminación de los ríos y de los políticos... El contenido exacto de esas reglas importaba menos que la voluntad –que debían mostrar todas las partes interesadas– de seguir y obedecer las mismas reglas: sin duda, un pensamiento elevado, un sentimiento admirable, pero si no eran los hombres de Davos los que hacían las reglas, ¿quién tenía que hacerlas? Los hombres de Davos no lo sabían. Ellos eran empresarios, no esa clase de personas que se dedica a hacer reglas –o leyes, o revoluciones, o códigos morales, esas cosas que se precipitan sobre el mundo en una mezcla repugnante de fragor y sangre tras surgir desgarradoramente (y en momentos inoportunos) del vientre del *statu quo*.

Pero ¿dónde encontrar alivio en una teoría del universo regida exclusivamente por la regla de los beneficios y las pérdidas? Y si la riqueza de las naciones aparecía y desaparecía según le placiera al «libre mercado» (en muchos aspectos glorioso pero en otros tan carente de inteligencia como un cojinete de bolas), entonces ¿qué pasaba con aquella bella creencia de que eran los Reyes Magos de las empresas (y nadie más) quienes, en una montaña igualmente mágica, controlaban la máquina de la economía global? ¿Cómo escapar a la idea de que incluso ellos, los hombres de Davos, bailaban al son de un organillo, como monos con sombreros rojos, una alegre melodía tonta y populachera?

Algunas de las posibles respuestas a esta cuestión no parecían en absoluto agradables ni permitían sacar pechos hinchados de autocomplacencia, motivo por el cual algunos de los hombres de Davos confiaban plenamente en algún milagro surgido de las donaciones y de lo que se pudiera denominar última maravilla de la más alta tecnología; entretanto se aferrarían con todas sus fuerzas a su sueño de un gobierno virtual cuyos necesarios ajustes serían llevados a cabo por expertos en genética y premios Nobel de Física, que son quienes, a su libre antojo, se dedican a transformar la energía salvaje y caprichosa de los mercados del mundo en un simple juego de luces en una pantalla de ordenador.

Coda

Confío en que sabremos aplastar
la aristocracia de nuestras adineradas empresas,
que ya se atreven incluso a poner en duda
la fuerza de nuestro Gobierno y a desafiar
las leyes de nuestro país.
Thomas Jefferson

La reunión de Davos acabó sus sesiones el 3 de febrero, y aquellos de entre los participantes que tuvieron que hacer algún discurso o algunas manifestaciones públicas se apuntaron al carro del comedido optimismo propuesto por el canciller Kohl y el presidente Gingrich. Como buenos suscriptores de la doctrina del consenso, se sentían felices de poder decir que se había evitado la crisis, que, una vez analizada detenidamente la cuestión, podía afirmarse que la globalización económica había esquivado la tormenta de las devaluaciones de las monedas asiáticas, había recuperado la calma en Rusia y miraba con seguridad hacia adelante, no únicamente hacia el nacimiento del euro, sino también las perspectivas de estabilidad en Nigeria, de prosperidad en Italia y de equilibrio en Brasil. Era evidente que quedaban ciertas dificultades por superar: Saddam tenía en su poder todavía armas de destrucción masiva, los israelitas y los palestinos estaban dejando al sol demasiado tiempo la leche del diálogo y los bancos japoneses, resueltos a seguir rechazando el plan de saneamiento financiero prescrito por los terapeutas del Fondo Monetario Internacional, continuaban confundiendo el arte de llevar las cuentas con los movimientos cargados de simbolismo del teatro Kabuki. Pero los valores estaban subiendo con firmeza en las bolsas americanas; la mayoría de las nuevas cifras admitidas como nuevos miembros en las pantallas de ordenador de todo el mundo brillaban con el fulgor de la transparencia, y en el futuro era muy posible que se pudieran comprar hoteles de veraneo en el sur de España.

La confianza se reflejaba en el tono de voz y en el tipo de vocabulario común empleado en los cada vez más detallados análisis que fueron descendiendo desde la montaña mágica a lo largo del mes de febrero. Los mercados seguían recuperándose en Tokio y Hong Kong, y todo parecía marchar a las mil maravillas en el paradigma multipolar y policéntrico, hasta que a finales de marzo uno de los BOB de Ingo Walter interrumpió las noticias de la noche desde Moscú: repentinamente –y sin haber tenido el detalle de un mínimo rumor que pusiera a todo el mundo sobre aviso–, Boris Yeltsin había despedido a Viktor Chernomyrdin, el primer ministro de Rusia, al que yo había visto por última vez en la sala Sanada del Congress Centre explicándoles a sus amigos capitalistas (sus muy buenos amigos capitalistas) que todas las veletas económicas de Rusia apuntaban hacia el oeste gracias al buen viento del libre mercado (maravillosas estadísticas; el ejército recibiendo sus sueldos; riesgos reducidos; el rublo fortaleciéndose; la inflación, un mal recuerdo; incentivos para la inversión de capital extranjero... En resumen: todos felices y comiendo perdices). Pero, a primera vista, parecía que el viento había dejado de soplar, y es que no sólo se habían quitado de en medio sumariamente a Chernomyrdin, sino que había seguido su mismo camino el resto de componentes de su gabinete; además, los ministros integrantes del nuevo gobierno no parecían gente muy capaz de inspirar la necesaria confianza del conserje del Berghotel Schatzalp.

Al mismo tiempo, la población de Indonesia empezaba a ponerse claramente nerviosa: los diarios no paraban de dar noticias de disturbios en la población de Kroton y en la ciudad de Surabaya, las tropas se desplegaban por los suburbios de Yakarta, los estudiantes quemaban banderas... El general Suharto necesitaba imperiosamente los diez billones de dólares consignados por los emisarios del Fondo Monetario Internacional con el fin de rescatar la rupia del desastre, pero los términos en que se realizaba el préstamo no acababan de convencer a una población que tenía que pagar saludables precios de libre mercado por la gasolina y la comida: incapaces de permitirse el coste de lo que los banqueros pensaban que sería un bello ejemplo de austeridad, la mayoría de los indonesios se habían visto obligados a alimentarse únicamente de insectos.

Las revueltas se intensificaron durante todo el mes de abril: el centro de Yakarta al rojo vivo; funcionarios del Fondo Monetario Internacional partiendo a toda prisa en vuelos chárter; saqueadores en los grandes centros comerciales agenciándose todo lo que encontraban a su paso en Wallmart, Dunkin' Donuts y Pizza Hut; ricos comerciantes chinos tan asustados por la fiereza de la chusma que intentaban por todos los medios alquilar una batería de tanques... Y el 21 de mayo, habiéndose devaluado ya la rupia otro 20 % en otros tantos días, Suharto no tuvo más remedio que dimitir.

Mayo fue un mes increíble para BOBs tanto en lo que al hemisferio norte como al hemisferio sur se refiere –Corea del Sur informando de sueldos impagados por valor de 334 millones de dólares o

Rusia pagando intereses del 100 % a los que habían comprado las deudas de su gobierno–. Pero nada fue más contrario a las perspectivas de futuro de postal de vacaciones distribuidas entre los turistas de invierno desplazados hasta Davos que las pruebas termonucleares de la India: las explosiones subterráneas realizadas en el desierto de Rajasthan el 11 de mayo, además de dejar claro que no había servido para nada la calurosa bienvenida dispensada a Bombay perfectamente inmortalizada en infinidad de fotos («Sesión número 164: "India, crecimiento económico sostenido y el estado actual de la reforma"»), pusieron también en entredicho la fe ciega del Foro en las maravillas de la alta tecnología. Las pruebas pillaron completamente por sorpresa a la CIA americana, un error imperdonable que los servicios de inteligencia justificaron por un exceso de confianza en la electrónica y en las láminas transparentes de mapas, así que, si ni la CIA podía enseñar a sus satélites a pensar, ¿qué pasaba entonces con las grandes esperanzas depositadas en un gobierno virtual elegido gracias al voto de semiconductores de información?

Ulteriores refutaciones de las teorías predicadas desde el púlpito de Davos se produjeron en forma de un frenesí de fusiones y adquisiciones que asoló los territorios del imperio empresarial a lo largo de toda la primavera y principios del verano; para ser sinceros, eso no era en absoluto lo que cabía esperar que sucediera si se había escuchado con atención a los apóstoles del «nuevo orden de la información» pululando sin parar por el Congress Centre como una cofradía de monos cantarines. Insistentemente visionarios, nunca se cansaron de trazar diagramas en servilletas de papel, de elaborar nuevos modelos a toda prisa, de promocionar las virtudes inherentes de las formas celulares de la iniciativa empresarial. Ahora que la Guerra Fría había pasado, ¿qué utilidad tenían el «Gran Hermano»,«el gran Gobierno» o «el gran Negocio»? Se decía que el espíritu del tiempo seguía direcciones menos monolíticas, se alejaba de las cuadros directivos con demasiado personal dirigente y ponía rumbo a fuentes de energía y de inteligencia más humildes que se adaptaran mejor a la mentalidad actual.

Los seglares del sector empresarial escuchaban embebidos con el fervor de los creyentes; a veces hasta ofrecían voluntariamente textos revelados y visiones propias y rogaban a Jesús o a los duendes de Silicon Valley que los microchips y el horario flexible realizaran unos cuantos milagros; pero su entusiasmo no sobrevivió al regreso a las altitudes inferiores. Ya en casa, en Connecticut o Michigan, se abrazaron nuevamente a esa gran verdad escrita en letras de oro y que da a las cosas su justa medida: lo grande es bello, pero lo más grande es todavía mejor. En el breve espacio de tiempo que va de finales de abril a principios de mayo, Daimler-Benz adquirió Chrysler, NationsBank se fusionó con BankAmerica y Citicorp unió su capital con el de Traveler´s Group en una operación que se cifró en 140 billones de dólares. A mediados de mayo, el *The New York Times* informaba de que la suma total de las 444 fusiones y/o adquisiciones anunciadas para ese año ascendía a 630 billones de dólares (frente a los irrisorios 260 reunidos en los cinco primeros meses de 1997); en Washington, la Cámara de Representantes ya había presentado un proyecto de ley que debía fomentar la creación de monopolios.

La construcción de enormes fortificaciones era una consecuencia directa de las idénticas proporciones de las carteras absolutamente repletas de pánico de los grandes empresarios, y el tamaño *mammónico* de las compañías recientemente formadas permitía intuir una acumulación de terror comparable a la que debió motivar la edificación de la Gran Muralla china. Los periódicos aludían de vez en cuando a alguna que otra discreta fuente de información (en páginas interiores, un poco rezagada detrás de las historias de primera página –al más rico le pasa esto, al más grande eso otro– y cuya identidad no se podía revelar) que explicaba que las nuevas y valientes fusiones tenían su origen en un ataque de pánico: sí, la Guerra Fría seguramente había tocado a su fin, y sí, la desregulación de la globalización económica había repartido unas cuantas y preciosas bendiciones sobre los consumidores, pero el nuevo orden económico había provocado también el nacimiento desmesurado de colosales monstruos (tipo Godzilla) desde el mar de la deuda extranjera, así que ¿de qué otro modo podía mantener una empresa su posición en el mundo de los negocios (permitirse lo que el profesor Schwab calificaría más o menos de una presencia global digna), si no convirtiéndose en uno de esos pesados robots mecánicos que devoran todo lo que encuentran a su paso y que producen ese estruendoso fragor mecánico cuando cruzan los paisajes de las películas de George Lucas?

Los ejecutivos que tan orgullosamente desvelaron ante los fotógrafos del salón de baile del hotel tal o cual nuevo y mejorado logo de la empresa, omitieron con mucho tacto cualquier referencia a un posible apocalipsis: puesto que sospechaban la inminente y no deseada llegada eventual de otra tanda de BOB –caída imparable de los precios del petróleo y del acero, inmensas partidas de trigo por vender amontonándose como pirámides egipcias en las llanuras de Dakota, excesivos polos de manga corta de Ralph Lauren decorando almacenes de Cantón–, decidieron no compartir esa información ni con los accionistas ni con la prensa financiera especializada. Pero es que ni tan siquiera realizaron sus observaciones en el lenguaje ilustrado que emplearon en Davos: negándose a reafirmar su fe en el progreso, prefirieron confiar en la razón humana o, creyendo a pies juntillas en la sabiduría de John Maynard Keynes, dejar a los más sensibles inversores presentes en la sala de baile la tarea de encontrar en las galletas de la suerte lo que decidieron no decir. Quizás era que los mercados globales estaban demasiado entrelazados, o que la seguridad del conjunto se veía amenazada con demasiada facilidad por un capricho o una debilidad de alguna de sus partes. En ese contexto, ¿quién podía permitirse el lujo de arriesgarse con un político mal alimentado o un *baht* encarecido?

El mes de mayo demostró que las razones para el pánico y la búsqueda de refugio estaban plenamente justificadas: bombas terroristas destruyeron las embajadas americanas de Kenia y Tanzania el 7 de ese mes, y, en el breve lapso de los veinticuatro días siguientes, Irak suspendió las inspecciones de armamento de las Naciones Unidas; hubo terribles inundaciones en China (provocadas por aquellos simpáticos ríos de austeridad del señor Li) que obligaron a la evacuación urgente de trece millones de personas y a dejar abandonados cinco millones de hogares; la guerra civil de la ex Yugoslavia supuso la expulsión de 200.000 kosovares condenados a la hambruna o a vagar por los bosques; el presidente Clinton castró de cuajo la oficina de la presidencia americana al reconocer haber mantenido «relaciones indecorosas» con Mónica Lewinsky; un coche bomba mató a 28 personas en Irlanda del Norte; misiles crucero americanos arrasaron las barracas de Afganistán y una fábrica química de Jartum (el bombardeo se limitó a la categoría calificada por Richardson de «pinchazo», nada de «substancial» ni de «masivo»); Malasia retiró su moneda de la bolsa internacional; la economía rusa se derrumbó (lo poco que quedaba de ella tras la decisión del gobierno de Yeltsin de devaluar el rublo y de suspender el reiniciado pago de su deuda externa), y el índice Dow Jones sufrió pérdidas por valor de 297 billones de dólares.

Durante la primera semana de septiembre, el departamento de Estado americano aconsejó a sus subordinados abandonar las embajadas de Albania, el Pakistán, África del Este y el Congo, y los pe ritos mercantiles que picoteaban todavía un poco aquí y allá por entre los cascotes de la economía rusa nos trajeron la noticia de que el mismísimo George Soros no había podido esquivar el ineluctable balanceo de su propia bola demoledora para derribos. La *quantum fund* de Soros había perdido dos billones de dólares en sus inversiones por culpa del espejismo de un rublo fuerte, así que, si el gran Soros Kahn podía cometer un error tan caro, ¿qué estaba haciendo Dios y dónde estaba el Cielo? El libre mercado no lo sabía, y los precios de las bolsas de todo el mundo fluctuaban con subidas y bajadas de los índices a la búsqueda de respuestas a unas preguntas que los ordenadores no podían plantear con palabras. Los grandes medios de comunicación eran un hervidero de posibles teorías y explicaciones, muchas de ellas suministradas a la MSNBC y a la página *op-ed* del *The Wall Street Journal* por los mismos testigos expertos que habían hecho pasar el rato a los asistentes en Davos. Sus comentarios recapitulaban la inquietud que *sotto voce* yo había palpado entre sesión y sesión en el Congress Hall, una inquietud que se hacía ahora mucho más ostensible por venir acompañada de una serie de nuevos y graves acontecimientos; sin embargo, seguía siendo una inquietud leve, como un dejarse ir a la deriva en lo que Klaus Schwab había calificado de vacío intelectual y moral.

Los historiadores ofrecían analogías, los políticos no hacían más que expresar su confianza, los economistas recomendaban multitud de políticas a seguir, los moralistas pronunciaban sus juicios...; pero, a efectos prácticos, toda esa sabiduría colectiva no servía para mucho más de lo que servirían unas débiles señales de humo. Ningún gobierno poseía la autoridad de corregir el examen de matemáticas que la globalización económica había suspendido; no, ningún gobierno ni ningún conjunto de instituciones o de acuerdos internacionales, ningún consejo de adivinos que se sentara en uno de esos hermosos edificios de las Naciones Unidas en Ginebra ni ningún comité de Bruselas, ningún banco de Frankfurt y todavía menos los líderes de los Estados Unidos, Rusia y Japón, que se habían provocado a sí mismos, respectivamente, su propia derrota. Todo ello dejó el problema en manos de Alan Greenspan, presidente del Consejo de la Reserva Federal, que se vio imbuido de unos poderes y atributos divinos no inferiores a los que debió ostentar antaño algún cónsul romano que partió a guerrear contra Aníbal y los elefantes de Cartago. Consciente de la urgencia de la tarea que se le encomendaba, el director pronunció el 5 de septiembre una conferencia muy directa (lo que no era nada habitual) en la Universidad de California, llamando la atención de los oyentes sobre la naturaleza del orden geoeconómico en el mundo de la postmodernidad, un tema tan manido que lo habría firmado el mismísimo Pero Grullo.

–Nadie puede creer –comentó– en la posibilidad de que los Estados Unidos puedan mantenerse como un oasis de prosperidad completamente a salvo del fuerte estrés mundial que, encima, no para de aumentar.

Los mercados financieros interpretaron la observación del presidente como un síntoma de que la Reserva Federal pensaba bajar el tipo de interés americano, con lo que los precios de la bolsa del día siguiente fluctuaron ligeramente al alza en lo que fue un ligero espasmo de alegría general. Pero el presidente no causó una impresión tan heroica a Kiichi Miyazawa, el ministro de Economía japonés, con quien comió en San Francisco el mismo día que pronunció su conferencia ante los estudiantes de Berkeley. El ministro Miyazawa objetó que Japón estaba considerado el enemigo público número uno y que se hacía responsable del naufragio económico de cuatro continentes a la mala administración llevada a cabo desde Tokio durante los últimos siete años: según se cuenta, parece ser que se levantó de la mesa haciendo muy de mala gana la habitual reverencia nipona a su majestad la Roma de América (lo que era un hecho verdaderamente noticiable). Greenspan el Magnífico regresó a Washington sin la esperada victoria y no hubo desfile triunfal de auditores capturados o especuladores esclavos, pero recibió el caluroso aplauso del Capitolio por su fervor patriótico, lo que no tardaron ni un minuto en divulgar los periódicos a voz en grito, unidos en lo que podríamos llamar un nivel normal de transparencia y medraje. Robert Rubin, ministro de Hacienda, observó que «nunca antes habíamos visto una tal cantidad de países atravesando dificultades a un mismo tiempo... En muchos aspectos, es una situación sin precedentes»; Michel Camdessus, director gerente del Fondo Monetario Internacional, reconoció el peligro de una situación «que dista mucho de ser racional».

Ni el ministro Rubin ni el director gerente Camdessus previeron las consecuencias de los que ellos habían considerado como un préstamo atinado a las naciones menos favorecidas (Camdessus había declarado –no mucho tiempo atrás, a principios de julio– que Rusia estaba fuera de todo peligro de crisis y Rubin se sorprendió al descubrir lo poco que los bancos de Nueva York y los fondos de inversión sabían acerca de la naturaleza de sus inversiones en Asia), pero era ahora, cuando el problema les tocaba ya de lleno, que empezaban a comprobar (como con ojos llenos de inocencia) que el mundo no tenía mucho dinero en efectivo: había demasiados productos en los mercados y poco dinero en manos de esa gente que quiere (y que puede, ¡claro que sí!) comprarse otra moto japonesa, otra americana de Armani u otra botella de Latour.

Durante otras dos semanas los medios de comunicación siguieron con su redoble de tambores anunciador de la inminente llegada del Juicio final –más bancos japoneses declarados insolventes, rumores cada vez más insistentes de «recesión global», un torrente imparable de dinero nervioso fluyendo inconteniblemente hacia el mercado de bonos» de los Estados Unidos desde todos los rincones del mundo...–; y fue entonces, el lunes 21 de septiembre, cuando la montaña fue a Mammon y el espíritu de Davos descendió a la isla de Manhattan en forma de seminario agraciado con la presencia del Presidente y de Hillary Clinton. El evento no contó con los auspicios del Foro Económico Mundial, pero el título general del programa («El fortalecimiento de la democracia en la globalización económica: un diálogo abierto») bien pudiera haberlo ideado el mismísimo Klaus Schwab, y lo cierto es que los procedimientos que se siguieron en la University School of Law de Nueva York lograron crear la idónea atmósfera de abstracción propia de otras alturas. Los invitados, reunidos en una elegante sala con arrimadillo en Washington Square (pude ver entre ellos a John Sweeney y al director de la Escuela de Economía de Londres), eran todo lo distinguidos que la ocasión se merecía: la presencia de los líderes de los medios de comunicación de masas daba al evento un aire halagador de significativa relevancia, y los contertulios sentados tras una pulcra mesa de biblioteca con un centro de flores cortadas se intercambiaban los habituales obsequios de exquisito eufemismo: animar al capitalismo a mostrar una cara más humana, necesidad urgente de trasladar el activo desde la especulación a corto plazo hacia los valores a largo plazo, carencia general de responsabilidad cívica, daños irreparables sobre el medio ambiente, necesidad ineludible de una nueva arquitectura financiera construida siguiendo las instrucciones de la nueva era de la información, peligro de contagio en Brasil, oferta de transparencia todavía insuficiente, ¡las multinacionales dedicadas a la ciencia, la tecnología, la educación o la ingeniería, urgente e imperiosamente necesitadas de moralidad...!

El continuo zumbido de sonora banalidad se confundía en un ruido vago no muy diferente del murmullo de un enjambre de contenidas abejas, y como era muy difícil no dormirse (y todavía más hacer alguna anotación mínimamente digna), casi me perdí la única observación de todo el programa que pudiera haber provocado una conversación interesante: hacia las tres de la tarde, los miembros de la mesa llegaron a la cuestión de la transparencia de Asia; la carencia total de la misma se atribuyó a una pobre supervisión del mercado (fracaso absoluto de las agencias reguladoras, datos insuficientes en los ordenadores, medios de vigilancia democrática inadecuados, etc.), y, cuando uno de los contertulios se detuvo inesperadamente para consultar alguna de sus notas, Laura Tyson, presidenta –en el pasado– del consejo de asesores financieros del presidente Clinton, aprovechó la ocasión para intervenir en el debate y hacer notar que los enormes fluidos de capital que habían ahogado las economías de Asia no procedían de allí, sino de Europa y de los Estados Unidos, es decir, de los países plenamente industrializados y perfectamente equipados con datos e instrumentos de vigilancia democrática más que suficientes. De lo que estamos hablando hoy aquí, dijo ella, es de avaricia, de estupidez, de cobardía y de codicia, de inversores de Londres, París y Nueva York apoderándose de cualquier posible presa que reporte fáciles beneficios para luego, cuando las cosas se tuerzan, buscar por todos los medios la forma de transferir sus mercados a un gobierno; hablamos de privatizar las ganancias, de socializar las pérdidas.

La distinguida concurrencia no seguía precisamente la misma línea argumental de la señora Tyson. Un caballero socio de Goldman, Sachs, tosió discretamente cerca de su micrófono; Hillary Clinton sonrió a una cámara de televisión, y dos de los líderes de los medios de comunicación de masas se ajustaron sus realmente muy elegantes corbatas. Volvió a oírse el murmullo, y no volví a coger el hilo de la conversación hasta las 4:30, momento en que el presidente Clinton entró en la sala rodeado de un enjambre de fotógrafos.

No había sido un buen día para el presidente Clinton: había empezado mal ya a las 10:00 a. m.

con las emisoras de radio difundiendo su testimonio ante el gran jurado sobre el asunto Monica Lewinsky –las cuatro horas de la cinta de vídeo sin editar– y todavía era muy pronto para saber cómo responderían a todo eso los sondeos de opinión. Los invitados a la biblioteca de la Facultad de Derecho le mostraron su apoyo con un sostenido aplauso de calurosa bienvenida. El Presidente agradeció el gesto con una triste sonrisa, presentó a los otros tres miembros de su mesa de debate (el Primer Ministro de Italia, el presidente de Bulgaria y «mi buen amigo Tony Blair») y cortó de cuajo cualquier posibilidad de posteriores apuros escondiéndose en su papel de experto consumado en las políticas del país –el típico conferenciante ya de cierta edad que acude a explicar un famoso pero ambiguo texto (del tipo *The Wealth and Poverty of Nation* [«La riqueza y la pobreza de las naciones»]) a una clase de estudiantes de graduado todo oídos.

El Presidente habló la mayor parte de las dos horas: hizo de moderador y de orador principal, marcó la diferencia entre «internacionalistas» y «aislacionistas», se mostró a favor de las «grandes oportunidades» y los «pequeños préstamos», aprobó la sabiduría de Greenspan el Magnífico («¡América no está inmune! ¡No podemos ser una isla de prosperidad en medio de un mar de desesperación!»), recomendó una mejor distribución de las «herramientas de adquisición de poder», aludió a «frescas perspectivas» y finalizó con una homilía muy bien pronunciada sobre la importancia del calentamiento global del planeta.

El discurso (dicho casi de memoria) causó impresión, más si cabe a tenor de las circunstancias en que lo pronunció. Pero mientras escuchaba al Presidente (sus muestras de gran preocupación en perfecta sintonía con las de la opinión pública), empecé a entender la observación de Klaus Schwab (más de lo que la había entendido en Davos) acerca de la oligarquía empresarial aislada en un vacío: he aquí el presidente de los Estados Unidos confirmando la perspectiva de una recesión de alcance mundial con nada más que una serie de vacías abstracciones y sin el más mínimo atisbo de autoridad –moral, intelectual, política o espiritual– que confiriera a sus palabras un mínimo de fuerza y de significado. Su elegante y seria pose de alto presidente no era más que eso, una pose, una prolongación de los anuncios de televisión, un escaparate de unos grandes almacenes. Debido a su propia y demasiado reciente confesión, sus palabras eran fingidas, elaboradas..., como su presidencia: para ser vistas más que para ser oídas. El juicio de los sondeos de opinión tenía tan poca importancia como la decisión de los magistrados sobre si proceder o no a dar audiencia a la acusación. Clinton ya había sido acusado, mucho antes de que sus enemigos le hicieran tropezar con la ropa interior de rojo satén de Monica Lewinsky o de que acabara su primera etapa en el poder; ya estaba acusado –como condición previa– sólo por el hecho de recibir el dinero con el que montar una campaña electoral.

A pesar de la –a veces– pintoresca retórica empleada por Clinton cuando se pronunciaba en contra de algo, siempre había sido un político de quien se podía esperar que no se quejaría del egoísmo de la teoría geoeconómica que amenazaba ahora con mostrar las desventajas que comportaba para las tiendas de comestibles de América y Asia, y cuanto más le oía hablar, más fácil me resultaba imaginármelo en el cabaret de Davos –pavoneándose con sus cifras de final de año, haciendo ver lo que le convenía en las proyecciones o aceptando feliz la premisa de que la democracia era un proyecto de interés general convertido en realidad gracias a una donación de los patrocinadores comerciales. Tenía tan poca idea de cómo esquivar la bola demoledora de George Soros como él mismo, y su desconcierto daba una idea de hasta qué punto lo que Jefferson calificó en otro tiempo de «aristocracia de nuestras adineradas empresas» había aplastado ya el espíritu político de nuestro país.

El seminario concluyó con un largo aplauso de despedida –aplauso dedicado tanto a la impresionante muestra de entereza de Hillary en medio del escándalo como a la conferencia del Presidente sobre la globalización económica. Busqué a Ingo Walters (el director del Salomon Center de Nueva York que había acuñado el acrónimo BOB) entre la gente que se empujaba para llegar a las puertas, pues recordé que en Davos él también había dicho algo sobre la posibilidad de que los presidentes de los bancos desempañaran «una función parecida a la de los cuidadores de un zoo, viéndoselas con fieras salvajes», y quería preguntarle cuántos animales se habían escapado ya de sus jaulas: ¿hacia dónde se dirigían esos animales y de quién se iban a alimentar? No pude encontrar a Walter entre la multitud, pero en Washington Square me topé con dos caballeros sentados en un banco: iban vestidos con bolsas de basura y hablaban entre ellos de lo que me pareció una fantasía prohibida sobre el cielo, y no pude menos que notar que las muecas de sus caras eran tan rígidas o distantes como las de las caras de los que habían acudido a la biblioteca de la School of Law para dedicarse a sus debates como quien se toma el té de las cinco.

Glosario

Este es un elenco abreviado de significados asignados a las palabras de uso común en Davos y otras conferencias internacionales.

ABRIGO DE PIELES. Símbolo de democracia.

AUSTERIDAD. Saludable y vigorizante programa de ejercicios fiscales para personas que no pueden permitirse cursar estudios empresariales. Una práctica constante fomenta un serio respeto hacia el valor del dinero.

BAILOUT. Palabra difícil porque tiene dos significados contrarios que dependen sólo del contexto. A: se refiere a inversiones de otras personas, fraudes perpetrados por bancos corruptos y políticos mentirosos. B: se refiere a una inversión personal, una justa recompensa concedida a un empresario valiente.

BENEFICIOS. Nunca indecentes u obscenos.

BOSNIA. Historia trágica.

BURÓCRATAS. Enemigos de la libre empresa. No sabe qué es recibir una nómina o arriesgarse. Hay demasiados de éstos en Europa.

CEO. Campeones, héroes de nuestro tiempo. Su claridad de mente les permitió despedir a 40.000 trabajadores superfluos sin vacilar o dudar ni un momento.

CERO A LA IZQUIERDA. Gente temerosa y atrasada que no sabe cómo utilizar un ordenador. Llevan una vida triste y normalmente mueren antes de alcanzar los 60 años.

CONSENSO. Siempre preferible a la discusión. Habla con un tono no diferente al del conserje de un hotel de primera categoría.

CONTAGIO. Nunca es una bella imagen. La moneda infectada por este mal se vuelve marrón en ambas caras y quebradiza por los bordes.

CORPORACIÓN, TRANSNACIONAL. Institución de finales del siglo XX comparable a la Iglesia medieval o a las legiones de la antigua Roma. Gracias a que ella existe en el reino de la abstracción pura, puede dar vida a sus propios padres.

CORRUPCIÓN. Signo de una sociedad madura. La práctica de ofrecer y aceptar sobornos enseña la lección de civilización.

CULTURA. Nombre fantástico para los vestidos tradicionales que llevaban los escolares durante las vacaciones.

DEMOCRACIA. Sistema de gobierno obsoleto incapaz de hacer frente a los desafíos del siglo XXI.

DESEMPLEO. Comprobación necesaria de la inflación.

DIÁLOGO. Elixir revitalizante administrado en grandes dosis a gente demasiado pobre para comprar Prozac o cocaína.

DICTADORES. Ellos conocen su propia mente. Suele ser más fácil pactar con ellos que con legislaturas electas.

DINERO. La luz del mundo y el mandato del cielo.

ECONOMÍA GLOBAL. Mecanismo muy vistoso ingeniado por sabios financieros para garantizar la felicidad de la humanidad. Requiere la participación de inversores en vez de ciudadanos.

ESLÓGANES DE CAMPAÑA. Equivalente político a los bonos basura.

ÉTICA. Artesanía nativa. La mejor está hecha de esteatita, marfil y sándalo.

FASCISMO. El más feliz y eficiente sistema de gobierno que, por lo general, se supone. Hitler le dio un mal nombre.

FONDO MONETARIO INTERNACIONAL. Todavía no tiene suficiente dinero para comprar Francia, y mucho menos el mundo.

GUERRAS. Las únicas importantes implican a grandes corporaciones, no a estados naciones.

HAITÍ. Historia trágica.

HISTORIA. Felizmente terminada en 1989.

IDEALISMO. Sustancia peligrosa. Si lo dejamos demasiado tiempo a temperatura ambiente en una mesa de biblioteca, el idealismo se convierte en ideología, que se reproduce en totalitarismo y en puritanos reinos de virtud. Robespierre fue un idealista. También lo fue Lenin.

INTEGRACIONISTAS. Gente progresista y sofisticada que reconoce la inevitabilidad de la economía global y aprecia la distinción entre la Mouton-Rothschild y la Cordeillan-Bages.

LIBERTADES CIVILES. Favores concedidos a minorías, criminales, radicales y marginados. Extremadamente caras.

LIBRE MERCADO. Las pocas personas que todavía cuestionan su omniscencia pertenecen a extrañas sectas religiosas.

MCDONALD'S. Símbolo de democracia.

MERCADOS EMERGENTES. Similares a los clubes de *strip-tease* y a los camioneros húngaros. Deben ser abordados con precaución.

MONOPOLIO. Gloriosa manifestación del ingenio humano. La fuente de todas nuestras bendiciones.

MULTICULTURALISMO. Los grandes almacenes lo comprenden mejor que las universidades.

NACIONALISMO. El último refugio de pequeños y necesitados países sin un comercio turístico bien desarrollado. En lugar de pistas de tenis y regatas, ellos ofrecen disturbios callejeros y saqueos recreativos.

POBRES. Inspirados en productos de la economía global, desempeñan un servicio necesario recordando a la gente más afortunada que la civilización comporta sacrificios.

POLÍTICOS. Antes solían estar hechos de mármol; ahora están hechos de paja.

PROGRAMA DE MÍNIMO CONSENSO. Condiciones bajo las cuales un gobierno entrega su soberanía a un consorcio de bancos.

REDUCCIÓN DE COSTES LABORALES. Un ingrediente necesario para la elaboración de una buena tarta.

REFORMA DEL PRESUPUESTO. Noble causa. Ronald Reagan creyó en ella, así como Margaret Thatcher y Charles de Gaulle. La frase no permite ninguna traducción literal a ninguna de las lenguas asiáticas.

REGULACIÓN GUBERNAMENTAL. Es similar a serpientes o a vides. Estrangula los nervios de la industria.

RUANDA. Historia trágica.

SMITH, ADAM. Un gran hombre. La versión de Bill Gates del siglo XVIII.

SOBERANÍA ECONÓMICA. Confiada a corporaciones, no a gobiernos. Los parlamentos del mundo están al servicio de los mercados mundiales.

SOBREEXPLOTACIÓN. La ruina de todos nosotros.

TECNOLOGÍA. Indispensable. Es difícil recordar cómo se podía vivir sin ella.

TERRORISTAS. Los más peligrosos provienen de buenas familias.

TITANIC, EL. Famoso barco. Los necios lo comparan con la economía global.

TRANSPARENCIA. Vale su peso en oro.

Apéndice

Una incompleta pero representativa lista de participantes (enumerados alfabéticamente) en Davos del Foro Económico Mundial, del 29 de enero al 3 de febrero de 1998.

Ejecutivos corporativos

Alireza, Khalid A., *presidente* de Saudi Cable Company (Arabia Saudí).

Argüden, Yilmaz, *presidente* de Erdemir (Turquía).

Bhaskaran, Manu, *director* de Socgen-Crosby Securities (Singapur).

Chan, Ronnie C., *presidente* de Hang Lung Development Company Limited (Hong Kong).

Gates, William H. III, *presidente y director jefe ejecutivo* de Microsoft Corporation (EE.UU.).

Herkströter, Cor A. J., *presidente* de Royal Dutch/Shell (Holanda).

Holliday, Shaun, *director general* de Guinness Ireland Group (Irlanda).

Idei, Nobuyuki, *presidente y director delegado* de Sony Corporation (Japón).

Jing Shuping, *presidente* de la Federación de Industria y Comercio de China (China).

Lindahl, Göran, *presidente y director jefe ejecutivo* de ABB Asea Brown Boveri Ltd. (Suiza).

Maughan, Deryck C., *copresidente y codirector jefe ejecutivo* de Salomon Smith Barney (EE.UU.).

Monod, Jérôme, *presidente* del Consejo supervisor de Suez-Lyonnaise Des Eaux (Francia).

Naki, Nasser, *vicepresidente* de Arabian Light Metals KSC (Kuwait).

Orsi, Vittorio, *presidente* del Consejo de Scac Fundaçoes e Estruturas Ltda. (Brasil).

Piëch, Ferdinand, *presidente* del Consejo directivo de Volkswagen AG (Alemania).

Piramal, Ajay G., *presidente* de Piramal Enterprises Limited (India).

Romulo, Roberto R., *presidente* de Philippine Long Distance Telephone Company (Filipinas).

Soros, George, *presidente* de Soros Fund Management (EE.UU.).

Sutherland, Peter D., *presidente y director general* de Goldman, Sachs International (Reino Unido).

Toyoda, Shoichiro, *presidente* de Toyota Motor Corporation (Japón).

Oficiales de gobierno y políticos electos

Ahluwalia, Montek Singh, *ministro de Economía y Finanzas* de la India (India).

Akayev, Askar, *presidente de Kirgizstán* (Kirgizstán).

Azoulay, Andre, *consejero de su majestad el rey Hassan II de Marruecos* (Marruecos).

Ballivian, Amparo, *viceministro de Inversiones y Privatizaciones de Bolivia* (Bolivia).

Barre, Raymond, *alcalde de Lyon y primer ministro de Francia entre 1976 y 1981* (Francia).

Bildt, Carl, *presidente del Partido Moderado* (Suecia).

Byanyima, Winnie, *miembro del Parlamento* (Uganda).

Chernomyrdin, Viktor, *primer ministro de Rusia* (Rusia).

Downer, Alexander, *ministro de Asuntos Exteriores de Australia* (Australia).

Gingrich, Newt, *portavoz de la Casa Blanca* (EE.UU.).

Kharrazi, Kamal, *ministro de Asuntos Exteriores de la República Islámica de Irán* (Irán).

Kohl, Helmut, *canciller federal de Alemania* (Alemania).

Li Lanqing, *vicepresidente de la República Popular China* (China).

Mbeki, Thabo, *subdirector ejecutivo de Sudáfrica* (Sudáfrica).

Menem, Carlos Saúl, *presidente de Argentina* (Argentina).

Sakakibara, Eisuke, *viceministro de Finanzas para asuntos internacionales de Japón* (Japón).

Santer, Jacques, *presidente de la Comisión Europea* (Bruselas, U.E.).

Sweeney, John J., *presidente de American Federation of Labor and Congress of Industrial Organizations* (AFL-CIO) (EE.UU.)

You, Jong-Keun, *consejero de economía y política del presidente electo de la República de Corea* (Corea).

Zedillo Ponce de León, Ernesto, *presidente de México* (México).

PRENSA

Auletta, Ken, *corresponsal* de *The New Yorker* (EE.UU.).

Aleksandrowicz, Piotr, *director editorial* de *Rzeczpspolita* (Polonia).

de Andrade, Sergio, *director editorial* de *Journal de Noticias* (Portugal).

Bartley, Robert, *director* de *The Wall Street Journal* (EE.UU.).

Bergström, Hans, *director editorial* de *Dagens Nyheter* (Suecia).

Carrubba, Salvatore, *director general* de *Il Sole 24 Ore* (Italia).

Ceberio, Jesús, *director editorial* de *El País* (España).

Fenby, Jonathan, *director* de *South China Morning Post* (Hong Kong).

Foges, Peter H., *director ejecutivo* de *Adam Smith's Money World* (EE.UU.).

Gergen, David R., *director* de *US News & World Report* (EE.UU.).

Izraelewicz, Erik, *director editorial* de *Le Monde* (Francia).

Jones, James A., *director editorial* de *Business Day* (Sudáfrica).

Kaplan, Robert D., *redactor y colaborador editorial* de *The Atlantic Monthly* (EE.UU).

Kojima, Akira, *director editorial* de *Nikkei-Nihon Keizai Shimbun* (Japón).

Pietila, Antti-Pekka, *director editorial* de *Taloussanomat* (Finlandia).

Pushkov, Alexei, *director de asuntos exteriores* de la *Televisión Pública Rusa* (ORT) (Rusia).

Quiring, Holger, *director editorial* de *Vereinigte Wirtschaftsdienste* (Alemania).

Safire, William, *columnista* de *The New York Times* (EE.UU.).

Sarkar, Aveek, *director editorial* de *Ananda Bazar Patrika* (India).

Selman, Elías A., *director* de *Revista América Economía* (Chile).

BANQUEROS

Ackermann, Josef, *miembro del consejo directivo* de Deutsche Bank AG (Alemania).

Akisik, Vural, *director ejecutivo de gobierno* de Turk Dis Ticaret Bankasi As (DISBANK) (Turquía).

Alweendo, Tom, *director* del Banco de Namibia (Namibia).

Aziz, Shaukat, *director* de Saudi American Bank (SAMBA) (EE.UU., Pakistán).

Blum, Georges, *presidente de junta* de Swiss Bank Corporation (Suiza).

Courtis, Kenneth S., *director económico y de estrategia* de Deutsche Bank Group Asia Pacific (Japón).

Downe, William A., *vicepresidente ejecutivo* de Global Corporate Banking, Banco de Montreal (Canadá).

Frenkel, Jacob A., *director* del Banco de Israel (Israel).

Källäker, Hakan, *vicepresidente ejecutivo y director* de Foreningssparbanken AB (Swedbank) (Suecia).

Kohlhaussen, Martin, *presidente del Consejo de Dirección* de Commerzbank AG (Alemania).

Kostrzewa, Wojciech J., *primer vicepresidente* de BRE Bank SA (Polonia).

Lipp, Ernst-Moritz, *miembro del Consejo de Dirección General* de Dresdner Bank AG (Alemania).

Ng Thow Hing, Mary, *jefe de sección* de State Bank of Mauritius Limited (Mauricio).

Nourbakhsh, Mohsen, *director* de Central Bank of the Islamic Republic of Iran (Irán).

Roubstov, Alexander, *vicepresidente del Consejo* de National Reserve Bank (Rusia).

Stiglitz, Joseph E., *vicepresidente* de World Bank (EE.UU.).

Trichet, Jean-Claude, *director* del Banco de Francia (Francia).

Wanless, Derek, *director ejecutivo* de National Westminster Bank (Reino Unido).

Ward, John A., *presidente y director jefe ejecutivo* de American Express Bank (EE.UU.).

Asistentes expertos y otros intelectuales

Achleitner, Ann-Kristin, *profesora de banca y finanzas* en European Business School (Alemania).

Albats, Yevgenia M., *autora* de *The Jewish Question* («La cuestión judía») y *The State Within a State: KGB and Its Hold on Russia* («El Estado en un estado: el KGB y su resistencia en Rusia») (Rusia).

Baginda, Abdul Razak Abdullah, *director ejecutivo* de Malaysian Strategic Research Centre (Malasia).

Boorstin, Daniel J., *bibliotecario emérito* de la Biblioteca del Congreso (EE.UU.).

Dornbusch, Rudi, *profesor de Economía* en Massachusetts Institute of Technology (EE.UU.).

Lo Hang Lap, Raymond, *experto en Feng Shui* (Hong Kong).

Maull, Hanns W., *profesor de Relaciones Internacionales y Ciencia Políticas* en la Universidad de Trier (Alemania).

Mernissi, Fatima, *profesora de Sociología* en la Universidad Mohammed V (Marruecos).

Mohan, Rakesh, *director general* de National Council of Applied Economic Research (India).

Morand, Pascal, *director ejecutivo* de Institut Français de la Mode (Francia).

Mphahlele, Es´kia, *asesor educativo, autor y profesor de Literatura* en la Universidad de Witwatersrand (Sudáfrica).

Nickell, Stephen, *profesor y director* de Institute of Economics and Statistics, Universidad de Oxford (Reino Unido).

Rosen, David, *rabino; director* de Anti-Defamation League, Oficina de Israel; *presidente internacional* de la Conferencia Mundial sobre Religión y Paz (Israel).

Schwab, Klaus, *fundador y presidente* del Foro Económico Mundial (Suiza).

Searle, John R., *profesor de Filosofía y Lengua* en la Universidad de California, Berkeley (EE.UU.).

Shimada, Haruo, *profesor de Economía* en la Universidad de Keio (Japón).

Spivakov, Vladimir, *violinista, director y presidente* de Vladimir Spivakov International Charity Foundation (Rusia).

Tutu, Desmond M., *arzobispo emérito y catedrático* de Truth and Reconciliation Commission (Sudáfrica).

Walter, Ingo, *profesor de Economía y Finanzas Aplicadas y director* de Salomon Center, Universidad de Nueva York (EE.UU.).

Wiesel, Elie, *profesor de Humanidades* en la Universidad de Boston (EE.UU.).

Diplomáticos

Al-Thani, Fahad Awaida, *embajador y representante de Qatar en las Naciones Unidas en Ginebra* (Qatar).

Annan, Kofi, *secretario general de las Naciones Unidas* (ONU).

Arlacchi, Pino, *subsecretario general de las Naciones Unidas y director ejecutivo de la Oficina para el Control de Drogas y Prevención del Crimen en Venecia* (Italia).

Balakrishnan, Kizhakke Pisharath, *embajador de la India en Suiza* (India).

Bekic, Drako, *embajador y representante de la República de Croacia en las Naciones Unidas en Ginebra* (Croacia).

Castillero, Juan A., *embajador de Panamá en Suiza* (Panamá).

Gadaud, André, *embajador de Francia en Suiza* (Francia).

Gomes, Goncalo de Santa Clara, *embajador y representante de Portugal en las Naciones Unidas en Ginebra* (Portugal).

Harbinson, Stuart, *representante de Hong Kong en la Organización Mundial del Comercio en Ginebra* (Hong Kong).

Jokonya, Tichaona J. B., *embajador y representante de Zimbabue en las Naciones Unidas en Ginebra* (Zimbabue).

Lamdan, Yosef, *embajador y representante de Israel en las Naciones Unidas en Ginebra* (Israel).

Loayza, Javier, *encargado de negocios de Bolivia en las Naciones Unidas en Ginebra* (Bolivia).

Maimeskoul, Mykola, *embajador y representante de Ucrania en las Naciones Unidas en Ginebra* (Ucrania).

Matsunaga, Nobuo, *enviado especial del gobierno de Japón* (Japón).

Padilla, Ezequiel, *embajador de México en Suiza* (México).

Pramudwinai, Don, *embajador extraordinario y plenipotenciario de Tailandia en Suiza* (Tailandia).

Ramlawi, Nabil, *embajador y representante de las autoridades palestinas en las Naciones Unidas en* Ginebra (Palestina).

Richardson, Bill, *embajador de los Estados Unidos en las Naciones Unidas en Nueva York* (EE.UU.).

Wu Jianmin, *embajador y representante de la República Popular de China en las Naciones Unidas en Ginebra* (China).

Zahran, Mounir, *embajador y representante de Egipto en las Naciones Unidas en Ginebra* (Egipto).

CIENTÍFICOS, MÍSTICOS Y TECNOPROFETAS

Berners-Lee, Tim, *director científico de investigación* de World Wide Web Consortium; *Principal Research Scientist*, Massachusetts Institute of Technology Laboratory for Computer Science (EE.UU.).

Chaum, David, *fundador y director del Departamento de Tecnología* de Digicash BV (Holanda).

Cohen, Daniel, *director del Departamento de Genomas* del Genomics Research Center, GENSET (Francia).

Crutzen, Paul J., *director* de Atmospheric Chemistry Division, Max-Planck Institute for Technology (Alemania).

Dertouzos, Michael L., *director* de MIT Laboratory for Computer Science; *profesor de Ciencias Informáticas e Ingeniería Eléctrica* en Massachusetts Institute for Technology (EE.UU.).

Huber, Martin C. E., *director* de Space Science Department, ESTEC/ESA (Holanda).

de Kerckhove, Derrick, *director* de The McLuhan Program in Culture and Technology, Universidad de Toronto (Canadá).

Lanier, Jaron, *erudito* de la Universidad de Columbia; *científico eminente* en National Tele-Immersion (EE.UU.).

Marks, Joan H., *director del programa de genética humana* del Sarah Lawrence College (EE.UU.).

McGowan, Alan H., *director* de Public Understanding of Science en American Association for the Advancement of Science (AAAS) (EE.UU.).

Negroponte, Nicholas, *director* de Media Laboratory; *profesor de Tecnología de Medios* en Massachusetts Institute of Technology; *presidente* de 2B1 Foundation (EE.UU.).

Peccoud, Dominic, *sacerdote jesuíta*; *miembro* de French National Academy of Engineering (CADAS) (Francia).

de Rosnay, Joël, *director de estrategias* de Cité des Sciences et de l'Industrie (Francia).

Saffo, Paul, *director* de Institute for the Future (EE.UU.).

Schapowal, Andreas G., *conferenciante y director* de la Unidad de Alergiología y Medio Ambiente de Hannover Medical School (Alemania).

Sunyaev, Rashid A., *director* de Max-Planck Institute for Astrophysics (Alemania); *director* de High Energy Astrophysics Department, Space Research Institute, Russian Academy of Sciences, Moscú (Rusia).

Tapscott, Donald, *presidente* de Alliance for Converging Technologies (Canadá).

Warwick, Kevin, *profesor de Cibernética* en la Universidad de Reading (Reino Unido).

Woo, Chia-Wei, *presidente* de la Universidad de Ciencia y Tecnología de Hong Kong (Hong Kong).

Zinkernagel, Rolf M., *director* de Institute of Experimental Immunology, Universidad de Zurich (Suiza).